LA DESHUMANIZACION DEL ARTE Y OTROS ENSAYOS DE ESTETICA

ORTEGA
Y GASSET

LA DESHUMANIZACION
DEL ARTE
Y OTROS ENSAYOS
DE ESTETICA

REVISTA DE OCCIDENTE EN
ALIANZA EDITORIAL

Primera edición en Revista de Occidente: 1925
Primera edición en «Obras de José Ortega y Gasset»: 1981
Segunda edición en «Obras de José Ortega y Gasset» revisada
   y ampliada: 1983
Tercera edición en «Obras de José Ortega y Gasset»: 1984
Cuarta edición en «Obras de José Ortega y Gasset»: 1986
Quinta edición en «Obras de José Ortega y Gasset»: 1987
Sexta edición en «Obras de José Ortega y Gasset»: 1988
Séptima edición en «Obras de José Ortega y Gasset»: 1991

© Herederos de José Ortega y Gasset
© Revista de Occidente, S. A.
© Alianza Editorial, S. A., Madrid, 1981, 1983, 1984, 1986,
   1987, 1988, 1991
   Calle Milán, 38, 28043 Madrid; teléf. 200 00 45
   ISBN: 84-206-4110-3
   Depósito legal: M. 9.652-1991
   Papel fabricado por Sniace, S. A.
   Impreso en Closas-Orcoyen, S. L. Polígono Igarsa
   Paracuellos de Jarama (Madrid)
   Printed in Spain

INDICE

NOTA PRELIMINAR

La frecuente dispersión de la curiosidad de Ortega, que le llevó a tratar de cuestiones relacionadas con el arte en una y otra épocas de su vida, sólo puede sorprender a quienes desconocen que la filosofía, por ser la ciencia de los fundamentos y las raíces de todas las cosas, debe reflexionar sobre las más dispares manifestaciones de la vida humana, sin exclusión ninguna. Temas en apariencia superficiales pueden resultar síntomas de hipogeas operaciones. «Si el hombre modifica su actitud radical ante la vida, comenzará por manifestar el nuevo temperamento en la creación artística y en sus emanaciones ideológicas», se afirma en las páginas de La deshumanización del arte. *Así, los problemas estéticos interesaron una y otra vez a Ortega y en sus ensayos y artículos se comprueba la persistencia con que obtenía en esas reflexiones rasgos relevantes para el curso de sus formulaciones filosóficas. Por ejemplo, entre los contenidos en este libro, el ensayo «Adán en el Paraíso» y el «Ensayo de estética a manera de prólogo», o los síntomas de la gran crisis que calificará a nuestro siglo* XX.

Esta nueva edición —revisada y corregida conforme a los originales— incluye la larga serie de artículos sobre temas estéticos (de 1908 a 1925, fecha de La deshumanización*), que Ortega publicó entre esas fechas. A ellos agrego, además, el discurso «La verdad no es sencilla» (de 1926), publicado recientemente con carácter póstumo, y un apéndice, inédito hasta ahora, al ensayo «Sobre el punto de vista en las artes». Y reproduzco, por primera vez, el artículo «Una visita a Zuloaga».*

En otros libros de Ortega, de fechas comprendidas entre las que abarcan las páginas contenidas en éste —los volúmenes de El Espectador, I, II, III y IV—, *constan también varios ensayos de estética que complementan los ahora incluidos en* La deshumanización del arte.

Posteriormente, la alusión a los temas artísticos fue menos frecuente en las páginas de Ortega, pero a sus años de madurez pertenecen sus magistrales estudios sobre Velázquez y sobre Goya que, bajo el título de Papeles sobre Velázquez y Goya, *ya se han publicado en esta colección editorial. En ellos, una vez más, en fértil correspondencia, la reflexión sobre el arte esclarece el pensamiento filosófico de Ortega, a la vez que sus páginas sobre Velázquez como antes las de* La deshumanización del arte *han llevado su influjo a la comprensión de la Historia del Arte. Ambas son ya un lugar inexcusable de referencia y comentario para los tratadistas del gremio.*

PAULINO GARAGORRI

LA DESHUMANIZACION
DEL ARTE

Non creda donna Berta e ser Martino...
DIVINA COMMEDIA.—Paradiso XIII.

IMPOPULARIDAD DEL ARTE NUEVO

Entre las muchas ideas geniales, aunque mal desarrolladas, del genial francés Guyau, hay que contar su intento de estudiar el arte desde el punto de vista sociológico. Al pronto le ocurriría a uno pensar que parejo tema es estéril. Tomar el arte por el lado de sus efectos sociales se parece mucho a tomar el rábano por las hojas o a estudiar el hombre por su sombra. Los efectos sociales del arte son, a primera vista, cosa tan extrínseca, tan remota de la esencia estética, que no se ve bien cómo, partiendo de ellos, se puede penetrar en la intimidad de los estilos. Guyau, ciertamente, no extrajo de su genial intento el mejor jugo. La brevedad de su vida y aquella su trágica prisa hacia la muerte impidieron que serenase sus inspiraciones, y, dejando a un lado todo lo que es obvio y primerizo, pudiese insistir en lo más sustancial y recóndito. Puede decirse que de su libro *El arte desde el punto de vista sociológico* sólo existe el título; el resto está aún por escribir[1].

La fecundidad de una sociología del arte me fue revelada inesperadamente cuando, hace unos años, me ocurrió un día escribir algo sobre la nueva época musical que empieza con Debussy[2]. Yo me proponía definir con la mayor claridad posible la diferencia de estilo entre la nueva música y la tradicional. El problema era rigurosamente estético, y, sin embargo, me encontré con que el camino más corto hacia él partía de un fenómeno sociológico: la impopularidad de la nueva música.

Hoy quisiera hablar más en general y referirme a todas las artes que aún tienen en Europa algún vigor; por tanto, junto a la música nueva, la nueva pintura, la nueva poesía, el nuevo teatro. Es, en verdad, sorprendente y misteriosa la compacta solidaridad consigo misma que cada época histórica mantiene en todas sus manifestaciones. Una inspiración idéntica, un mismo estilo biológico pulsa en las artes más diversas. Sin darse de ello cuenta, el músico joven aspira a realizar con sonidos exactamente los mismos valores estéticos que el pintor, el poeta y el dramaturgo, sus contemporáneos. Y esta identidad de sentido artístico había de rendir, por fuerza, idéntica consecuencia sociológica. En efecto, a la impopularidad de la nueva música responde una impopularidad de igual cariz en las demás musas. Todo el arte joven es impopular, y no por caso y accidente, sino en virtud de su destino esencial.

Se dirá que todo estilo recién llegado sufre una etapa de lazareto y se recordará la batalla de *Hernani* y los demás combates acaecidos en el advenimiento del romanticismo. Sin embargo, la impopularidad del arte nuevo es de muy distinta fisonomía. Conviene distinguir

---

[1] [Jean-Marie Guyau: *L'art au point de vue sociologique,* 1889; versión española, *El arte desde el punto de vista sociológico,* Madrid, 1902.]

[2] Véase «Musicalia», en *El Espectador.* [Tomo III.]

entre lo que no es popular y lo que es impopular. El estilo que innova tarda algún tiempo en conquistar la popularidad; no es popular, pero tampoco impopular. El ejemplo de la irrupción romántica que suele aducirse fue, como fenómeno sociológico, perfectamente inverso del que ahora ofrece el arte. El romanticismo conquistó muy pronto al «pueblo», para el cual el viejo arte clásico no había sido nunca cosa entrañable. El enemigo con quien el romanticismo tuvo que pelear fue precisamente una minoría selecta que se había quedado anquilosada en las formas arcaicas del «antiguo régimen» poético. Las obras románticas son la primeras —desde la invención de la imprenta— que han gozado de grandes tiradas. El romanticismo ha sido por excelencia el estilo popular. Primogénito de la democracia, fue tratado con el mayor mimo por la masa.

En cambio, el arte nuevo tiene a la masa en contra suya y la tendrá siempre. Es impopular por esencia; más aún, es antipopular. Una obra cualquiera por él engendrada produce en el público automáticamente un curioso efecto sociológico. Lo divide en dos porciones: una, mínima, formada por reducido número de personas que le son favorables; otra, mayoritaria, innumerable, que le es hostil. (Dejemos a un lado la fauna equívoca de los *snobs*.) Actúa, pues, la obra de arte como un poder social que crea dos grupos antagónicos, que separa y selecciona en el montón informe de la muchedumbre dos castas diferentes de hombres.

¿Cuál es el principio diferenciador de estas dos castas? Toda obra de arte suscita divergencias: a unos les gusta, a otros no; a unos les gusta menos, a otros más. Esta disociación no tiene carácter orgánico, no obedece a un principio. El azar de nuestra índole individual nos colocará entre los unos y entre los otros. Pero en el caso del arte nuevo la disyunción se produce en un plano más profundo que aquel en que se mueven las variedades del gusto individual. No se trata de que a la mayoría del público *no le guste* la obra joven y a la minoría sí. Lo que sucede es que la mayoría, la masa, *no la entiende*. Las viejas coletas que asistían a la representación de *Hernani* entendían muy bien el drama de Víctor Hugo y precisamente porque le entendían no les gustaba. Fieles a determinada sensibilidad estética, sentían repugnancia por los nuevos valores artísticos que el romántico les proponía.

A mi juicio, lo característico del arte nuevo, «desde el punto de vista sociológico», es que divide al público en estas dos clases de hombres: los que lo entienden y los que no lo entienden. Esto implica que los unos poseen un órgano de comprensión negado, por tanto, a los otros; que son dos variedades distintas de la especie humana. El arte nuevo, por lo visto, no es para todo el mundo, como el romántico, sino que va desde luego dirigido a una minoría especialmente dotada. Cuando a uno no le gusta una obra de arte, pero la ha comprendido, se siente superior a ella y no ha lugar a la irritación. Mas cuando el disgusto que la obra causa nace de que no se la ha entendido, queda el hombre como humillado, con una oscura conciencia de su inferioridad que necesita compensar mediante la indignada afirmación de sí mismo frente a la obra. El arte joven, con sólo presentarse, obliga al buen burgués a sentirse tal y como es: buen burgués, ente incapaz de sacramentos artísticos, ciego y sordo a toda belleza pura. Ahora bien, esto no puede hacerse impunemente después de cien años de halago omnímodo a la masa y apoteosis del «pueblo». Habituada a predominar en todo, la masa se siente ofendida en sus «derechos del hombre» por el arte nuevo, que es un arte de privilegio, de nobleza de nervios, de aristocracia instintiva. Dondequiera que las jóvenes musas se presentan la masa las cocea.

Durante siglo y medio el «pueblo», la masa, ha pretendido ser toda la sociedad. La música de Strawinsky o el drama de Pirandello tienen la eficacia sociológica de obligarle a reconocerse como lo que es, como «sólo pueblo», mero ingrediente, entre otros, de la estructura social, inerte materia del proceso histórico, factor secundario del cosmos espiritual. Por otra parte, el arte joven contribuye también a que los «mejores» se conozcan y reconozcan entre el gris de la muchedumbre y aprendan su misión, que consiste en ser pocos y tener que combatir contra los muchos.

Se acerca el tiempo en que la sociedad, desde la política al arte, volverá a organizarse, según es debido, en dos órdenes o rangos: el de los hombres egregios y el de los hombres vulgares. Todo el malestar de Europa vendrá a desembocar y curarse en esta nueva y salvadora escisión. La unidad indiferenciada, caótica, informe, sin arquitectura anatómica, sin disciplina regente en que se ha vivido por espacio de ciento cincuenta años no puede continuar. Bajo toda la vida contemporánea late una injusticia profunda e irritante: el falso supuesto de la igualdad real entre los hombres. Cada paso que damos entre ellos nos muestra tan evidentemente lo contrario que cada paso es un tropezón doloroso.

Si la cuestión se plantea en política, las pasiones suscitadas son tales que acaso no es aún buena hora para hacerse entender. Afortunadamente, la solidaridad del espíritu histórico a que antes aludía permite subrayar con toda claridad, serenamente, en el arte germinal de nuestra época los mismos síntomas y anuncios de reforma moral que en la política se presentan oscurecidos por las bajas pasiones.

Decía el evangelista: *Nolite fieri sicut equus et mulus quibus non est intellectus.* No seáis como el caballo y el mulo, que carecen de entendimiento. La masa cocea y no entiende. Intentemos nosotros hacer lo inverso. Extraigamos del arte joven su principio esencial y entonces veremos en qué profundo sentido es impopular.

ARTE ARTISTICO

Si el arte nuevo no es inteligible para todo el mundo, quiere decirse que sus resortes no son los genéricamente humanos. No es un arte para los hombres en general, sino para una clase muy particular de hombres que podrán no valer más que los otros, pero que, evidentemente, son distintos.

Hay, ante todo, una cosa que conviene precisar. ¿A qué llama la mayoría de la gente goce estético? ¿Qué acontece en su ánimo cuando una obra de arte, por ejemplo, una producción teatral, le «gusta»? La respuesta no ofrece duda: a la gente le gusta un drama cuando ha conseguido interesarse en los destinos humanos que le son propuestos. Los amores, odios, penas, alegrías de los personajes conmueven su corazón: toma parte en ellos, como si fuesen casos reales de la vida. Y dice que es «buena» la obra cuando ésta consigue producir la cantidad de ilusión necesaria para que los personajes imaginativos valgan como personas vivientes. En la lírica buscará amores y dolores del hombre que palpita bajo el poeta. En pintura sólo le atraerán los cuadros donde encuentre figuras de varones y hembras con quienes, en algún sentido, fuera interesante vivir. Un cuadro de paisaje le parecerá «bonito» cuando el paisaje real que representa merezca por su amenidad o patetismo ser visitado en una excursión.

Esto quiere decir que para la mayoría de la gente el goce estético no es una actitud espiritual diversa en esencia de la que habitualmente adopta en el resto de su vida. Sólo se distingue de ésta en calidades adjetivas: es, tal vez, menos utilitaria, más densa y sin consecuencias penosas. Pero, en definitiva, el objeto de que en el arte se ocupa, lo que sirve de término a su atención, y con ella a las demás potencias, es el mismo que en la existencia cuotidiana: figuras y pasiones humanas. Y llamará arte al conjunto de medios, por los cuales les es proporcionado ese contacto con cosas humanas interesantes. De tal suerte que sólo tolerará las formas propiamente artísticas, las irrealidades, la fantasía, en la medida en que no intercepten su percepción de las formas y peripecias humanas. Tan pronto como estos elementos puramente estéticos dominen y no pueda agarrar bien la historia de Juan y María, el público queda despistado y no sabe qué hacer delante del escenario, del libro o del cuadro. Es natural; no conoce otra actitud ante los objetos que la práctica, la que nos lleva a apasionarnos y a intervenir sentimentalmente en ellos. Una obra que no le invite a esta intervención le deja sin papel.

Ahora bien: en este punto conviene que lleguemos a un perfecta claridad. Alegrarse o sufrir con los destinos humanos que, tal vez, la obra de arte nos refiere o presenta es cosa muy diferente del verdadero goce artístico. Más aún: esa ocupación con lo humano de la obra es, en principio, incompatible con la estricta fruición estética.

Se trata de una cuestión de óptica sumamente sencilla. Para ver un objeto tenemos que acomodar de una cierta manera nuestro aparato ocular. Si nuestra acomodación visual es inadecuada no veremos el objeto o lo veremos mal. Imagínese el lector que estamos mirando un jardín al través del vidrio de una ventana. Nuestros ojos se acomodarán de suerte que el rayo de la visión penetre el vidrio, sin detenerse en él, y vaya a prenderse en las flores y frondas. Como la meta de la visión es el jardín y hasta él va lanzado el rayo visual, no veremos el vidrio, pasará nuestra mirada a su través, sin percibirlo. Cuanto más puro sea el cristal menos lo veremos. Pero luego, haciendo un esfuerzo, podemos desentendernos del jardín y, retrayendo el rayo ocular, detenerlo en el vidrio. Entonces el jardín desaparece a nuestros ojos y de él sólo vemos unas masas de color confusas que parecen pegadas al cristal. Por tanto, ver el jardín y ver el vidrio de la ventana son dos operaciones incompatibles: la una excluye a la otra y requieren acomodaciones oculares diferentes.

Del mismo modo, quien en la obra de arte busca el conmoverse con los destinos de Juan y María o de Tristán e Iseo y a ellos acomoda su percepción espiritual, no verá la obra de arte. La desgracia de Tristán sólo es tal desgracia y, consecuentemente, sólo podrá conmover en la medida en que se la tome como realidad. Pero es el caso que el objeto artístico sólo es artístico en la medida en que no es real. Para poder gozar del retrato ecuestre de *Carlos V,* por Tiziano, es condición ineludible que no veamos allí a Carlos V en persona, auténtico y viviente, sino que, en su lugar, hemos de ver sólo un retrato, una imagen irreal, una ficción. El retratado y su retrato son dos objetos completamente distintos: o nos interesamos por el uno o por el otro. En el primer caso, «convivimos» con Carlos V; en el segundo, «contemplamos» un objeto artístico como tal.

Pues bien: la mayoría de la gente es incapaz de acomodar su atención al vidrio y transpariencia que es la obra de arte; en vez de esto, pasa al través de ella sin fijarse y va a revolcarse apasionadamente en la realidad humana que en la obra está aludida. Si se le invita a soltar esta presa y a detener la atención sobre la obra misma de arte, dirá que no ve en ella nada, porque, en efecto, no ve en ella cosas humanas, sino sólo transparencias artísticas, puras virtualidades.

Durante el siglo XIX los artistas han procedido demasiado impuramente. Reducían a un mínimum los elementos estrictamente estéticos y hacían consistir la obra, casi por entero, en la ficción de realidades humanas. En este sentido es preciso decir que, con uno u otro cariz, todo el arte normal de la pasada centuria ha sido realista. Realistas fueron Beethoven y Wagner. Realista Chateaubriand como Zola. Romanticismo y naturalismo, vistos desde la altura de hoy, se aproximan y descubren su común raíz realista.

Productos de esta naturaleza sólo parcialmente son obras de arte, objetos artísticos. Para gozar de ellos no hace falta ese poder de acomodación a lo virtual y transparente que constituye la sensibilidad artística. Basta con poseer sensibilidad humana y dejar que en uno repercutan las angustias y alegrías del prójimo. Se comprende, pues, que el arte del siglo XIX haya sido tan popular: está hecho para la masa indiferenciada en la proporción en que no es arte, sino extracto de vida. Recuérdese que en todas las épocas que han tenido dos tipos diferentes de arte, uno para minorías y otros para la mayoría[1], este último fue siempre realista.

No discutamos ahora si es posible este arte puro. Tal vez no lo sea; pero las razones que nos conducen a esta negación son un poco largas y difíciles. Más vale, pues, dejar intacto el tema. Además, no importa mayormente para lo que ahora hablamos. Aunque sea imposible un arte puro, no hay duda alguna de que cabe una tendencia a la purificación del arte. Esta tendencia llevará a una eliminación progresiva de los elementos humanos, demasiado humanos, que dominaban en la producción romántica y naturalista. Y en este proceso se llegará a un punto en que el contenido humano de la obra sea tan escaso que casi no se le vea. entonces tendremos un objeto que sólo puede ser percibido por quien posea ese don peculiar de la sensibilidad artística. Sería un arte para artistas, y no para la masa de los hombres; será un arte de casta, y no demótico.

He aquí por qué el arte nuevo divide al público en dos clases de individuos: los que lo entienden y los que no lo entienden; esto es, los artistas y los que no lo son. El arte nuevo es un arte artístico.

Yo no pretendo ahora ensalzar esta manera nueva de arte y menos denigrar la usada en el último siglo. Me limito a filiarlas, como hace el zoólogo con dos faunas antagónicas. El arte nuevo es un hecho universal. Desde hace veinte años, los jóvenes más alerta de dos generaciones sucesivas —en París, en Berna, en Londres, Nueva York, Roma, Madrid— se han encontrado

---

[1] Por ejemplo, en la Edad Media. Correspondiendo a la estructura binaria de la sociedad, dividida en dos capas: los nobles y los plebeyos, existió un arte noble que era «convencional», «idealista», esto es, artístico, y un arte popular, que era realista y satírico.

sorprendidos por el hecho ineluctable de que el arte tradicional no les interesaba; más aún, les repugnaba. Con estos jóvenes cabe hacer una de dos cosas: o fusilarlos o esforzarse en comprenderlos. Yo he optado resueltamente por esta segunda operación. Y pronto he advertido que germina en ellos un nuevo sentido del arte, perfectamente claro, coherente y racional. Lejos de ser un capricho, significa su sentir el resultado inevitable y fecundo de toda la evolución artística anterior. Lo caprichoso, lo arbitrario y, en consecuencia, estéril, es resistirse a este nuevo estilo y obstinarse en la reclusión dentro de formas ya arcaicas, exhaustivas y periclitadas. En arte, como en moral, no depende el deber de nuestro arbitrio; hay que aceptar el imperativo de trabajo que la época nos impone. Esta docilidad a la orden del tiempo es la única probabilidad de acertar que el individuo tiene. Aun así, tal vez no consiga nada; pero es mucho más seguro su fracaso si se obstina en componer una ópera wagneriana más o una novela naturalista.

En arte es nula toda repetición. Cada estilo que aparece en la historia puede engendrar cierto número de formas diferentes dentro de un tipo genérico. Pero llega un día en que la magnífica cantera se agota. Esto ha pasado, por ejemplo, con la novela y el teatro romántico-naturalista. Es un error ingenuo creer que la esterilidad actual de ambos géneros se debe a la ausencia de talentos personales. Lo que acontece es que se han agotado las combinaciones posibles dentro de ellos. Por esta razón, debe juzgarse venturoso que coincida con este agotamiento la emergencia de una nueva sensibilidad capaz de denunciar nuevas canteras intactas.

Si se analiza el nuevo estilo se hallan en él ciertas tendencias sumamente conexas entre sí. Tiende: 1.º, a la deshumanización del arte; 2.º, a evitar las formas vivas; 3.º, a hacer que la obra de arte no sea, sino obra de arte; 4.º, a considerar el arte como juego, y nada más; 5.º, a una esencial ironía; 6.º, a eludir toda falsedad, y, por tanto, a una escrupulosa realización. En fin, 7.º, el arte, según los artistas jóvenes, es una cosa sin trascendencia alguna.

Dibujemos brevemente cada una de estas facciones del arte nuevo.

UNAS GOTAS DE FENOMENOLOGIA

Un hombre ilustre agoniza. Su mujer está junto al lecho. Un médico cuenta las pulsaciones del moribundo. En el fondo de la habitación hay otras dos personas: un periodista, que asiste a la escena obitual por razón de su oficio, y un pintor que el azar ha conducido allí. Esposa, médico, periodista y pintor presencian un mismo hecho. Sin embargo, este único y mismo hecho —la agonía de un hombre— se ofrece a cada uno de ellos con aspecto distinto. Tan distintos son estos aspectos, que apenas si tienen un núcleo común. La diferencia entre lo que es para la mujer transida de dolor y para el pintor que, impasible, mira la escena, es tanta, que casi fuera más exacto decir: la esposa y el pintor presencian dos hechos completamente distintos.

Resulta, pues, que una misma realidad se quiebra en muchas realidades divergentes cuando es mirada desde puntos de vista distintos. Y nos ocurre preguntarnos: ¿cuál de esas múltiples realidades es la verdadera, la auténtica? Cualquiera decisión que tomemos será arbitraria. Nuestra preferencia por una u otra sólo puede fundarse en el capricho. Todas esas realidades son equivalentes; cada una la auténtica para su congruo punto de vista. Lo único que podemos hacer es clasificar estos puntos de vista y elegir entre ellos el que prácticamente parezca más normal o más espontáneo. Así llegaremos a una noción nada absoluta, pero, al menos, práctica y normativa de realidad.

El medio más claro de diferenciar los puntos de vista de esas cuatro personas que asisten a la escena mortal consiste en medir una de sus dimensiones: la distancia espiritual en que cada uno se halla del hecho común, de la agonía. En la mujer del moribundo esta distancia es mínima, tanto que casi no existe. El suceso lamentable atormenta de tal modo su corazón, ocupa tanta porción de su alma, que se funde con su persona, o dicho en giro inverso: la mujer interviene en la escena, es un trozo de ella. Para que podamos ver algo, para que un hecho se convierta en objeto que contemplamos es menester separarlo de nosotros y que deje de formar parte viva de nuestro ser. La mujer, pues, no asiste a la escena, sino que está dentro de ella; no la contempla, sino que la vive.

El médico se encuentra ya un poco más alejado. Para él se trata de un caso profesional. No interviene en el hecho con la apasionada y cegadora angustia que inunda el alma de la pobre mujer. Sin embargo, su oficio le obliga a interesarse seriamente en lo que ocurre: lleva en ello alguna responsabilidad y acaso peligra su prestigio. Por tanto, aunque menos íntegra e íntimamente que la esposa, toma también parte en el hecho, la escena se apodera de él, le arrastra a su dramático interior prendiéndole, ya que no por su corazón, por el fragmento profesional de su persona. También él vive el triste acontecimiento aunque con emociones que no parten de su centro cordial, sino de su periferia profesional.

Al situarnos ahora en el punto de vista del reportero, advertimos que nos hemos alejado enormemente de aquella dolorosa realidad. Tanto nos hemos alejado, que hemos perdido con el hecho todo contacto sentimental. El periodista está allí como el médico, obligado por su profesión, no por espontáneo y humano impulso. Pero mientras la profesión del médico le obliga a intervenir en el suceso, la del periodista le obliga precisamente a no intervenir: debe limitarse a ver. Para él propiamente es el hecho pura escena, mero espectáculo que luego ha de relatar en las columnas del periódico. No participa sentimentalmente en lo que allí acaece, se halla espiritualmente exento y fuera del suceso; no lo vive, sino que lo contempla. Sin embargo, lo contempla con la preocupación de tener que referirlo luego a sus lectores. Quisiera interesar a éstos, conmoverlos, y, si fuese posible, conseguir que todos los suscriptores derramen lágrimas, como si fuesen transitorios parientes del moribundo. En la escuela había leído la receta de Horacio: *Si vis me flere, dolendum est primum ipsi tibi.*

Dócil a Horacio, el periodista procura fingir emoción para alimentar con ella su literatura. Y resulta que, aunque no «vive» la escena, «finge» vivirla.

Por último, el pintor, indiferente, no hace otra cosa que poner los ojos en *coulisse.* Le trae sin cuidado cuanto pasa allí; está, como suele decirse, a cien mil leguas del suceso. Su actitud es puramente contemplativa y aun cabe decir que no lo contempla en su integridad; el doloroso sentido interno del hecho queda fuera de su percepción. Sólo atiende a lo exterior, a las luces y las sombras, a los valores cromáticos. En el pintor hemos llegado al máximum de distancia y al mínimum de intervención sentimental.

La pesadumbre inevitable de este análisis quedaría compensada si nos permitiese hablar con claridad de una escala de distancias espirituales entre la realidad y nosotros. En esa escala los grados de proximidad equivalen a grados de participación sentimental en los hechos; los grados de alejamiento, por el contrario, significan grados de liberación en que objetivamos el suceso real, convirténdolo en puro tema de contemplación. Situados en uno de los extremos, nos encontramos con un aspecto del mundo —personas, cosas, situaciones— que es la realidad «vivida»; desde el otro extremo, en cambio, vemos todo en su aspecto de realidad «contemplada».

Al llegar aquí tenemos que hacer una advertencia esencial para la estética, sin la cual no es fácil penetrar en la fisiología del arte, lo mismo viejo que nuevo. Entre estos diversos aspectos de la realidad que corresponde a los varios puntos de vista, hay uno de que derivan todos los demás y en todos los demás va supuesto. Es el de la realidad vivida. Si no hubiese alguien que viviese en pura entrega y frenesí la agonía de un hombre, el médico no se preocuparía por ella, los lectores no entenderían los gestos patéticos del periodista que describe el suceso y el cuadro en que el pintor representa un hombre en el lecho rodeado de figuras dolientes nos sería ininteligible. Lo mismo podríamos decir de cualquier otro objeto, sea persona o cosa. La forma primigenia de una manzana es la que ésta posee cuando nos disponemos a comérnosla. En todas las demás formas posibles que adopte —por ejemplo, la que un artista de 1600 le ha dado, combinándola en un barroco ornamento, la que presenta en un bodegón de Cézanne o en la metáfora elemental que hace de ella una mejilla de moza— conserva más o menos aquel aspecto originario. Un cuadro, una poesía donde no quedase resto alguno de las formas vividas serían ininteligibles, es decir, no serían nada, como nada sería un discurso donde a cada palabra se le hubiese extirpado su significación habitual.

Quiere decir esto que en la escala de las realidades corresponde a la realidad vivida una peculiar primacía que nos obliga a considerarla como «la» realidad por excelencia. En vez de realidad vivida, podríamos decir realidad humana. El pintor que presencia impasible la escena de agonía parece «inhumano». Digamos, pues, que el punto de vista humano es aquel en que «vivimos» las situaciones, las personas, las cosas. Y, viceversa, son humanas todas las realidades —mujer, paisaje, peripecia— cuando ofrecen el aspecto bajo el cual suelen ser vividas.

Un ejemplo, cuya importancia advertirá el lector más adelante: entre las realidades que integran el mundo se hallan nuestras ideas. Las usamos «humanamente» cuando con ellas pensamos las cosas, es decir, que al pensar en Napoleón, lo normal es que atendamos exclusivamente al grande hombre así llamado. En cambio, el psicólogo, adoptando un punto de vista anormal, «inhumano», se desentiende de Napoleón y, mirando a su propio interés, procura analizar su idea de Napoléon como tal idea. Se trata, pues, de una perspectiva opuesta a la que usamos en la vida espontánea. En vez de ser la idea instrumento con que pensamos un objeto, la hacemos a ella objeto y término de nuestro pensamiento. Ya veremos el uso inesperado que el arte nuevo hace de esta inversión inhumana.

COMIENZA LA DESHUMANIZACION DEL ARTE

Con rapidez vertiginosa el arte joven se ha disociado en una muchedumbre de direcciones e intentos divergentes. Nada es más fácil que subrayar las diferencias entre unas producciones y otras. Pero esta acentuación de lo diferencial y específico resultará vacía si antes no se determina el fondo común que variamente, a veces contradictoriamente, en todas se afirma. Ya enseñaba nuestro buen viejo Aristóteles que las cosas diferentes se diferencian en lo que se asemejan, es decir, en cierto carácter común. Porque los cuerpos tienen todos color, advertimos que los unos tienen color diferente de los otros. Las especies son precisamente especificaciones de un género y sólo las entendemos cuando las vemos modular en formas diversas su común patrimonio.

Las diferencias particulares del arte joven me interesan mediocremente, y salvando algunas excepciones, me interesa todavía menos cada obra en singular. Pero a su vez, esta valoración mía de los nuevos productos artísticos no debe interesar a nadie. Los escritores que reducen su inspiración a expresar su estima o desestima por las obras de arte no debían escribir. No sirven para este arduo menester. Como *Clarín* decía de unos torpes dramaturgos, fuera mejor que dedicasen su esfuerzo a otras faenas: por ejemplo, a fundar una familia. ¿Que la tienen? Pues que funden otra.

Lo importante es que existe en el mundo el hecho indubitable de una nueva sensibilidad estética[1]. Frente a la pluralidad de direcciones especiales y de obras individuales, esa sensibilidad representa lo genérico y como el manantial de aquéllas. Esto es lo que parece de algún interés definir.

Y buscando la nota más genérica y característica de la nueva producción encuentro la tendencia a deshumanizar el arte. El párrafo anterior proporciona a esta fórmula cierta precisión.

Si al comparar un cuadro a la manera nueva con otros de 1860 seguimos el orden más sencillo, empezaremos por confrontar los objetos que en uno y otro están representados, tal vez un hombre, una casa, una montaña. Pronto se advierte que el artista de 1860 se ha propuesto ante todo que los objetos en su cuadro tengan el mismo aire y aspecto que tienen fuera de él, cuando forman parte de la realidad vivida o humana. Es posible que, además de esto, el artista de 1860 se proponga muchas otras complicaciones estéticas; pero lo importante es notar que ha comenzado por asegurar ese parecido. Hombre, casa, montaña son, al punto, reconocidos: son nuestros viejos amigos habituales. Por el contrario, en el cuadro reciente nos cuesta trabajo reconocerlos. El espectador piensa que tal vez el pintor no ha sabido conseguir el parecido. Mas también el cuadro de 1860 puede estar «mal pintado», es decir, que entre los objetos del cuadro y esos mismos objetos fuera de él exista una gran distancia, una importante divergencia. Sin embargo, cualquiera que sea la distancia, los errores del artista tradicional señalan hacia el objeto «humano», son caídas en el camino hacia él y equivalen al «Esto es un gallo» con que el Orbaneja cervantino

---

[1] Esta nueva sensibilidad no se da sólo en los creadores de arte, sino también en gente que es sólo público. Cuando he dicho que el arte nuevo es un arte para artistas, entendía por tales no sólo los que producen este arte, sino los que tienen la capacidad de percibir valores puramente artísticos.

orientaba a su público. En el cuadro reciente acaece todo lo contrario: no es que el pintor yerre y que sus desviaciones del «natural» (natural = humano) no alcancen a éste, es que señalan hacia un camino opuesto al que puede conducirnos hasta el objeto humano.

Lejos de ir el pintor más o menos torpemente hacia la realidad, se ve que ha ido contra ella. Se ha propuesto denodadamente deformarla, romper su aspecto humano, deshumanizarla. Con las cosas representadas en el cuadro tradicional podríamos ilusoriamente convivir. De la *Gioconda* se han enamorado muchos ingleses. Con las cosas representadas en el cuadro nuevo es imposible la convivencia: al extirparles su aspecto de realidad vivida, el pintor ha cortado el puente y quemado las naves que podían transportarnos a nuestro mundo habitual. Nos deja encerrados en un universo abstruso, nos fuerza a tratar con objetos con los que no cabe tratar humanamente. Tenemos, pues, que improvisar otra forma de trato por completo distinto del usual vivir las cosas; hemos de crear e inventar actos inéditos que sean adecuados a aquellas figuras insólitas. Esta nueva vida, esta vida inventada previa anulación de la espontánea, es precisamente la comprensión y el goce artísticos. No faltan en ella sentimientos y pasiones, pero evidentemente estas pasiones y sentimientos pertenecen a una flora psíquica muy distinta de la que cubre los paisajes de nuestra vida primaria y humana. Son emociones secundarias que en nuestro artista interior provocan esos ultra-objetos[1]. Son sentimientos específicamente estéticos.

Se dirá que para tal resultado fuera más simple prescindir totalmente de esas formas humanas —hombre, casa, montaña— y construir figuras del todo originales. Pero esto es, en primer lugar, impracticable[2].

---

[1] El «ultraísmo» es uno de los nombres más certeros que se han forjado para denominar la nueva sensibilidad.

[2] Un ensayo se ha hecho en este sentido extremo (ciertas obras de Picasso), pero con ejemplar fracaso.

Tal vez en la más abstracta línea ornamental vibra larvada una tenaz reminiscencia de ciertas formas «naturales». En segundo lugar —y esta es la razón más importante—, el arte de que hablamos no es sólo inhumano por no contener cosas humanas, sino que consiste activamente en esa operación de deshumanizar. En su fuga de lo humano no le importa tanto el término *ad quem,* la fauna heteróclita a que llega, como el término *a quo,* el aspecto humano que destruye. No se trata de pintar algo que sea por completo distinto de un hombre, o casa, o montaña, sino de pintar un hombre que se parezca lo menos posible a un hombre, una casa que conserve de tal lo estrictamente necesario para que asistamos a su metamorfosis, un cono que ha salido milagrosamente de lo que era antes una montaña, como la serpiente sale de su camisa. El placer estético para el artista nuevo emana de ese triunfo sobre lo humano; por eso es preciso concretar la victoria y presentar en cada caso la víctima estrangulada.

Cree el vulgo que es cosa fácil huir de la realidad, cuando es lo más difícil del mundo. Es fácil decir o pintar una cosa que carezca por completo de sentido, que sea ininteligible o nula: bastará con enfilar palabras sin nexo[1], o trazar rayas al azar. Pero lograr construir algo que no sea copia de lo «natural» y que, sin embargo, posea alguna substantividad, implica el don más sublime.

La «realidad» acecha constantemente al artista para impedir su evasión. ¡Cuánta astucia supone la fuga genial! Ha de ser un Ulises al revés, que se liberta de su Penélope cuotidiana y entre escollos navega hacia el brujerío de Circe. Cuando logra escapar un momento a la perpetua asechanza no llevemos a mal en el artista un

---

[1] Que es lo que ha hecho la broma dadaísta. Puede irse advirtiendo (véase la nota anterior) cómo las mismas extravagancias y fallidos intentos del arte nuevo se derivan con cierta lógica de su principio orgánico. Lo cual demuestra *ex abundantia* que se trata, en efecto, de un movimiento unitario y lleno de sentido.

gesto de soberbia, un breve gesto a lo san Jorge, con el dragón yugulado a los pies.

En la obra de arte preferida por el último siglo hay siempre un núcleo de realidad vivida que viene a ser como sustancia del cuerpo estético. Sobre ella opera el arte y su operación se reduce a pulir ese núcleo humano, a darle barniz, brillo, compostura o reverberación. Para la mayor parte de la gente tal estructura de la obra de arte es la más natural, es la única posible. El arte es reflejo de la vida, es la naturaleza vista al través de un temperamento, es la representación de lo humano, etc. Pero es el caso que con no menor convicción los jóvenes sostienen lo contrario. ¿Por qué han de tener siempre hoy razón los viejos contra los jóvenes, siendo así que el mañana da siempre la razón a los jóvenes contra los viejos? Sobre todo, no conviene indignarse ni gritar. *Dove si grida non è vera scienza,* decía Leonardo de Vinci; *Neque lugere neque indignari, sed intelligere,* recomendaba Spinoza. Nuestras convicciones más arraigadas, más indubitables son las más sospechosas. Ellas constituyen nuestro límite, nuestros confines, nuestra prisión. Poca cosa es la vida si no piafa en ella un afán formidable de ampliar sus fronteras. Se vive en la proporción en que se ansía vivir más. Toda obstinación en mantenernos dentro de nuestro horizonte habitual significa debilidad, decadencia de las energías vitales. El horizonte es una línea biológica, un órgano viviente de nuestro ser; mientras gozamos de plenitud el horizonte emigra, se dilata, ondula elástico casi al compás de nuestra respiración. En cambio, cuando el horizonte se fija es que se ha anquilosado y que nosotros ingresamos en la vejez.

No es tan evidente como suponen los académicos que la obra de arte haya de consistir, por fuerza, en un núcleo humano que las musas peinan y pulimentan. Esto es, por lo pronto, reducir el arte a la sola cosmética. Ya he indicado antes que la percepción de la realidad vivida y la percepción de la forma artística son, en principio, incompatibles por requerir una acomodación diferente en nuestro aparato perceptor. Un arte que nos proponga esa doble mirada será un arte bizco. El siglo XIX ha bizqueado sobremanera; por eso sus productos artísticos, lejos de representar un tipo normal de arte, son tal vez la máxima anomalía en la historia del gusto. Todas las grandes épocas del arte han evitado que la obra tenga en lo humano su centro de gravedad. Y ese imperativo de exclusivo realismo que ha gobernado la sensibilidad de la pasada centuria significa precisamente una monstruosidad sin ejemplo en la evolución estética. De donde resulta que la nueva inspiración, en apariencia tan extravagante, vuelve a tocar, cuando menos en un punto, el camino real del arte. Porque este camino se llama «voluntad de estilo». Ahora bien: estilizar es deformar lo real, desrealizar. Estilización implica deshumanización. Y viceversa, no hay otra manera de deshumanizar que estilizar. El realismo, en cambio, invitando al artista a seguir dócilmente la forma de las cosas, le invita a no tener estilo. Por eso el entusiasta de Zurbarán, no sabiendo qué decir, dice que sus cuadros tienen «carácter», como tienen carácter y no estilo Lucas o Sorolla, Dickens o Galdós. En cambio, el siglo XVIII, que tiene tan poco carácter, posee a saturación un estilo.

SIGUE LA DESHUMANIZACION
DEL ARTE

La gente nueva ha declarado tabú toda injerencia de lo humano en el arte. Ahora bien: lo humano, el repertorio de elementos que integran nuestro mundo habitual posee una jerarquía de tres rangos. Hay primero el orden de las personas, hay luego el de los seres vivos, hay, en fin, las cosas inorgánicas. Pues bien: el veto del arte nuevo se ejerce con una energía proporcional a la altura jerárquica del objeto. Lo personal, por ser lo más humano de lo humano, es lo que más evita el arte joven.

Esto se advierte muy claramente en la música y la poesía.

Desde Beethoven a Wagner el tema de la música fue la expresión de sentimientos personales. El artista mélico componía grandes edificios sonoros para alojar en ellos su autobiografía. Más o menos era el arte confesión. No había otra manera de goce estético que la contaminación. «En la música —decía aún Nietzsche— las pasiones gozan de sí mismas.» Wagner inyecta en el «Tristán» su adulterio con la Wesendonk y no nos queda otro remedio, si queremos complacernos en su obra, que volvernos durante un par de horas vagamente adúlteros. Aquella música nos compunge, y para gozar de ella tenemos que llorar, angustiarnos o derretirnos en una voluptuosidad espasmódica. De Beethoven a Wagner toda la música es melodrama.

Eso es una deslealtad —diría un artista actual. Eso es prevalecerse de una notable debilidad que hay en el hombre, por la cual suele contagiarse del dolor o alegría del prójimo. Este contagio no es de orden espiritual, es una repercusión mecánica, como la dentera que produce el roce de un cuchillo sobre un cristal. Se trata de un efecto automático, nada más. No vale confundir las cosquillas con el regocijo. El romántico caza con reclamo; se aprovecha inhonestamente del celo del pájaro para incrustar en él los perdigones de sus notas. El arte no puede consistir en el contagio psíquico, porque éste es un fenómeno inconsciente y el arte ha de ser todo plena claridad, mediodía de intelección. El llanto y la risa son estéticamente fraudes. El gesto de la belleza no pasa nunca de la melancolía o la sonrisa. Y mejor aún si no llega. *Toute maîtrise jette le froid* (Mallarmé).

Yo creo que es bastante discreto el juicio del artista joven. El placer estético tiene que ser un placer inteligente. Porque entre los placeres los hay ciegos y perspicaces. La alegría del borracho es ciega; tiene, como todo en el mundo, su causa: el alcohol, pero carece de motivo. El favorecido con un premio de la lotería también se alegra, pero con una alegría muy diferente; se alegra «de» algo determinado. La jocundia del borracho es hermética, está encerrada en sí misma, no sabe de dónde viene y, como suele decirse, «carece de fundamento». El regocijo del premiado, en cambio, consiste precisamente en darse cuenta de un hecho que lo motiva y justifica. Se regocija porque ve un objeto en sí mismo regocijante. Es una alegría con ojos, que vive de su motivación y parece fluir del objeto hacia el sujeto[1].

Todo lo que quiera ser espiritual y no mecánico habrá de poseer este carácter perspicaz, inteligente y motivado. Ahora bien: la obra romántica provoca un placer que apenas mantiene conexión con su contenido. ¿Qué tiene que ver la belleza musical —que debe ser algo situado allá, fuera de mí, en el lugar donde el sonido brota— con los derretimientos íntimos que en mí acaso produce y en paladear los cuales el público romántico se complace? ¿No hay aquí un perfecto *quid pro quo*? En vez de gozar del objeto artístico, el sujeto goza de sí mismo; la obra ha sido sólo la causa y el alcohol de su placer. Y esto acontecerá siempre que se haga consistir radicalmente el arte en una exposición de realidades vividas. Estas, sin remedio, nos sobrecogen, suscitan en nosotros una participación sentimental que impide contemplarlas en su pureza objetiva.

---

[1] Causación y motivación son, pues, dos nexos completamente distintos. Las causas de nuestros estados de conciencia no existen para éstos: es preciso que la ciencia las averigüe. En cambio, el motivo de un sentimiento, de una volición, de una creencia forma parte de éstos, es un nexo consciente.

Ver es una acción a distancia. Y cada una de las artes maneja un aparato proyector que aleja las cosas y las transfigura. En su pantalla mágica las contemplamos desterradas, inquilinas de un astro inabordable y absolutamente lejanas. Cuando falta esa desrealización se produce en nosotros un titubeo fatal: no sabemos si vivir las cosas o contemplarlas.

Ante las figuras de cera todos hemos sentido una peculiar desazón. Proviene ésta del equívoco urgente que en ellas habita y nos impide adoptar en su presencia una actitud clara y estable. Cuando las sentimos como seres vivos nos burlan descubriendo su cadavérico secreto de muñecos, y si las vemos como ficciones parecen palpitar irritadas. No hay manera de reducirlas a meros objetos. Al mirarlas, nos azora sospechar que son ellas quienes nos están mirando a nosotros. Y concluimos por sentir asco hacia aquella especie de cadáveres alquilados. La figura de cera es el melodrama puro.

Me parece que la nueva sensibilidad está dominada por un asco a lo humano en el arte muy semejante al que siempre ha sentido el hombre selecto ante las figuras de cera. En cambio, la macabra burla cerina ha entusiasmado siempre a la plebe. Y nos hacemos de paso algunas preguntas impertinentes, con ánimo de no responderlas ahora: ¿Qué significa ese asco a lo humano en el arte? ¿Es, por ventura, asco a lo humano, a la realidad, a la vida, o es más bien todo lo contrario: respeto a la vida y una repugnancia a verla confundida con el arte, con una cosa tan subalterna como es el arte? Pero, ¿qué es esto de llamar al arte función subalterna, al divino arte, gloria de la civilización, penacho de la cultura, etc.? Ya dije, lector, que se trataba de unas preguntas impertinentes. Queden, por ahora, anuladas.

El melodrama llega en Wagner a la más desmesurada exaltación. Y como siempre acaece, al alcanzar una forma su máximo se inicia su conversión en la contraria. Ya en Wagner la voz humana deja de ser protagonista y se sumerge en el griterío cósmico de los demás instrumentos. Pero era inevitable una conversión más radical. Era forzoso extirpar de la música los sentimientos privados, purificarla en una ejemplar objetivación. Esta fue la hazaña de Debussy. Desde él es posible oír música serenamente, sin embriaguez y sin llantos. Todas las variaciones de propósitos que en estos últimos decenios ha habido en el arte musical pisan sobre el nuevo terreno ultraterreno genialmente conquistado por Debussy. Aquella conversión de lo subjetivo a lo objetivo es de tal importancia que ante ella desaparecen las diferenciaciones ulteriores[1]. Debussy deshumanizó la música, y por ello data de él la nueva era del arte sonoro.

La misma peripecia aconteció en el lirismo. Convenía libertar la poesía, que, cargada de materia humana, se había convertido en un grave, e iba arrastrando sobre la tierra, hiriéndose contra los árboles y las esquinas de los tejados, como un globo sin gas. Mallarmé fue aquí el libertador que devolvió al poema su poder aerostático y su virtud ascendente. El mismo, tal vez, no realizó su ambición, pero fue el capitán de las nuevas exploraciones etéreas que ordenó la maniobra decisiva: soltar lastre.

Recuérdese cuál era el tema de la poesía en la centuria romántica. El poeta nos participaba lindamente sus emociones privadas de buen burgués; sus penas grandes y chicas, sus nostalgias, sus preocupaciones religiosas o políticas y, si era inglés, sus ensoñaciones tras de la pipa. Con unos u otros medios aspiraba a envolver en patetismo su existencia cuotidiana. El genio individual permitía que, en ocasiones, brotase en torno al núcleo humano del poema una fotosfera radiante, de más sutil materia —por ejemplo, en Baude-

---

[1] Un análisis más detenido de lo que significa Debussy frente a la música romántica puede verse en mi ensayo «Musicalia», recogido en *El Espectador,* III.

laire. Pero este resplandor era impremeditado. El poeta quería siempre ser un hombre.

—¿Y esto parece mal a los jóvenes? —pregunta con reprimida indignación alguien que no lo es—. ¿Pues qué quieren? ¿Que el poeta sea un pájaro, un ictiosauro, un dodecaedro?

No sé, no sé; pero creo que el poeta joven, cuando poetiza, se propone simplemente ser poeta. Ya veremos cómo todo el arte nuevo, coincidiendo en esto con la nueva ciencia, con la nueva política, con la nueva vida, en fin, repugna ante todo la confusión de fronteras. Es un síntoma de pulcritud mental querer que las fronteras entre las cosas estén bien demarcadas. Vida es una cosa, poesía es otra —piensan o, al menos, sienten. No los mezclemos. El poeta empieza donde el hombre acaba. El destino de éste es vivir su itinerario humano; la misión de aquél es inventar lo que no existe. De esta manera se justifica el oficio poético. El poeta aumenta el mundo, añadiendo a lo real, que ya está ahí por sí mismo, un irreal continente. Autor viene de *auctor,* el que aumenta. Los latinos llamaban así al general que ganaba para la patria un nuevo territorio.

Mallarmé fue el primer hombre del siglo pasado que quiso ser un poeta. Como él mismo dice, «rehusó los materiales naturales» y compuso pequeños objetos líricos, diferentes de la fauna y la flora humanas. Esta poesía no necesita ser «sentida», porque, como no hay en ella nada humano, no hay en ella nada patético. Si se habla de una mujer es de la «mujer ninguna», y si suena una hora es «la hora ausente del cuadrante». A fuerza de negaciones, el verso de Mallarmé anula toda resonancia vital y nos presenta figuras tan extraterrestres que el mero contemplarlas es ya sumo placer. ¿Qué puede hacer entre estas fisonomías el pobre rostro del hombre que oficia de poeta? Sólo una cosa: desaparecer, volatilizarse y quedar convertido en una pura voz anónima que sostiene en el aire las palabras, verdaderos protagonistas de la empresa lírica. Esa pura voz anónima, mero substrato acústico del verso, es la voz del poeta, que sabe aislarse de su hombre circundante.

Por todas partes salimos a lo mismo: huida de la persona humana. Los procedimientos de deshumanización son muchos. Tal vez hoy dominan otros muy distintos de los que empleó Mallarmé, y no se me oculta que a las páginas de éste llegan todavía vibraciones y estremecimientos románticos. Pero lo mismo que la música actual pertenece a un bloque histórico que empieza con Debussy, toda la nueva poesía avanza en la dirección señalada por Mallarmé. El enlace con uno y otro nombre me parece esencial si, elevando la mirada sobre las indentaciones marcadas por cada inspiración particular, se quiere buscar la línea matriz de un nuevo estilo.

Es muy difícil que a un contemporáneo menor de treinta años le interese un libro donde, so pretexto de arte, se le refieran las idas y venidas de unos hombres y unas mujeres. Todo esto le sabe a sociología, a psicología y lo aceptaría con gusto si, no confundiendo las cosas, se le hablase sociológicamente o psicológicamente de ello. Pero el arte para él es otra cosa.

La poesía es hoy el álgebra superior de las metáforas.

EL TABU Y LA METAFORA

La metáfora es probablemente la potencia más fértil que el hombre posee. Su eficiencia llega a tocar los confines de la taumaturgia y parece un trebejo de creación que Dios se dejó olvidado dentro de una de sus criaturas al tiempo de formarla, como el cirujano distraído se deja un instrumento en el vientre del operado.

Todas las demás potencias nos mantienen inscritos dentro de lo real, de lo que ya es. Lo más que podemos hacer es sumar o restar unas cosas de otras. Sólo la metáfora nos facilita la evasión y crea entre las cosas

reales arrecifes imaginarios, florecimiento de islas ingrávidas.

Es verdaderamente extraña la existencia en el hombre
de esta actitud mental que consiste en suplantar una
cosa por otra, no tanto por afán de llegar a ésta como
por el empeño de rehuir aquélla. La metáfora escamo-
tea un objeto enmascarándolo con otro, y no tendría
sentido si no viéramos bajo ella un instinto que induce
al hombre a evitar realidades[1].

Cuando recientemente se preguntó un psicólogo cuál
pueda ser el origen de la metáfora, halló sorprendido
que una de sus raíces está en el espíritu del tabú[2]. Ha
habido una época en que fue el miedo la máxima
inspiración humana, una edad dominada por el terror
cósmico. Durante ella se siente la necesidad de evitar
ciertas realidades que, por otra parte, son ineludibles. El
animal más frecuente en el país, y de que depende la
sustentación, adquiere un prestigio sagrado. Esta consagración trae consigo la idea de que no se le puede tocar
con las manos. ¿Qué hace entonces para comer el indio
Lillooet? Se pone en cuclillas y cruza las manos bajo sus
nalgas. De este modo puede comer, porque las manos
bajo las nalgas son metafóricamente unos pies. He aquí
un tropo de acción, una metáfora elemental previa a la
imagen verbal y que se origina en el afán de evitar la
realidad.

Y como la palabra es para el hombre primitivo un
poco la cosa misma nombrada, sobreviene el menester
de no nombrar el objeto tremendo sobre que ha recaído
tabú. De aquí que se designe con el nombre de otra
cosa, mentándolo en forma larvada y subrepticia. Así,
el polinesio, que no debe nombrar nada de lo que
pertenece al rey, cuando ve arder las antorchas en su

---

[1] Algo más sobre la metáfora puede verse en el ensayo «Las dos
grandes metáforas», publicado en *El Espectador*, IV. [Y en el «Ensayo
de Estética a manera de prólogo», incluido en este volumen.]

[2] Véase Heinz Werner: *Die Ursprünge der Metapher*, 1919.

palacio-cabaña, tiene que decir: «El rayo arde en las nubes del cielo.» He aquí la elusión metafórica.

Obtenido en esta forma tabuista, el instrumento metafórico puede luego emplearse con los fines más diversos. Uno de éstos, el que ha predominado en la poesía, era ennoblecer el objeto real. Se usaba de la imagen similar con intención decorativa, para ornar y recamar la realidad amada. Sería curioso inquirir si en la nueva inspiración poética, al hacerse la metáfora sustancia y no ornamento, cabe notar un raro predominio de la imagen denigrante que, en lugar de ennoblecer y realzar, rebaja y veja a la pobre realidad. Hace poco leía en un poeta joven que el rayo es un metro de carpintero y los árboles infolies del invierno escobas para barrer el cielo. El arma lírica se revuelve contra las cosas naturales y las vulnera o asesina.

SUPRA E INFRARREALISMO

Pero si es la metáfora el más radical instrumento de deshumanización, no puede decirse que sea el único. Hay innumerables de alcance diverso.

Uno, el más simple, consiste en un simple cambio de la perspectiva habitual. Desde el punto de vista humano tienen las cosas un orden, una jerarquía determinados. Nos parecen unas muy importantes, otras menos, otras por completo insignificantes. Para satisfacer el ansia de deshumanizar no es, pues, forzoso alterar las formas primarias de las cosas. Basta con invertir la jerarquía y hacer un arte donde aparezcan en primer plano, destacados con aire monumental, los mínimos sucesos de la vida.

Este es el nexo latente que une las maneras de arte nuevo en apariencia más distantes. Un mismo instinto de fuga y evasión de lo real se satisface en el suprarrealismo de la metáfora y en lo que cabe llamar infrarrealismo. A la ascensión poética puede sustituirse una inmersión bajo el nivel de la perspectiva natural. Los mejores ejemplos de cómo por extremar el realismo se le supera —no más que con atender lupa en mano a lo microscópico de la vida— son Proust, Ramón Gómez de la Serna, Joyce.

Ramón puede componer todo un libro sobre los senos —alguien le ha llamado «nuevo Colón que navega hacia hemisferios»—, o sobre el circo, o sobre el alba, o sobre el Rastro o la Puerta del Sol. El procedimiento consiste sencillamente en hacer protagonistas del drama vital los barrios bajos de la atención, lo que de ordinario desatendemos. Giraudoux, Morand, etc., son, en varia modulación, gentes del mismo equipo lírico.

Esto explica que los dos últimos fuesen tan entusiastas de la obra de Proust, como, en general, aclara el placer que este escritor, tan de otro tiempo, proporciona a la gente nueva. Tal vez lo esencial que el latifundio de su libro tiene de común con la nueva sensibilidad, es el cambio de perspectiva: desdén hacia las antiguas formas monumentales del alma que describía la novela, e inhumana atención a la fina estructura de los sentimientos, de las relaciones sociales, de los caracteres.

LA VUELTA DEL REVES

Al substantivarse la metáfora se hace, más o menos, protagonista de los destinos poéticos. Esto implica sencillamente que la intención estética ha cambiado de signo, que se ha vuelto del revés. Antes se vertía la metáfora sobre una realidad, a manera de adorno, encaje o capa pluvial. Ahora, al revés, se procura eliminar el sostén extrapoético o real y se trata de realizar la metáfora, hacer de ella la *res* poética. Pero esta inversión del proceso estético no es exclusiva del menester metafórico, sino que se verifica en todos los órdenes y con todos los medios hasta convertirse en un cariz general —como tendencia[1]— de todo el arte al uso.

La relación de nuestra mente con las cosas consiste en pensarlas, en formarse ideas de ellas. En rigor, no poseemos de lo real sino las ideas que de él hayamos logrado formarnos. Son como el *belvedere* desde el cual vemos el mundo. Decía muy bien Goethe que cada nuevo concepto es como un nuevo órgano que surgiese en nosotros. Con las ideas, pues, vemos las cosas, y en la actitud natural de la mente no nos damos cuenta de aquéllas, lo mismo que el ojo al mirar no se ve a sí mismo. Dicho de otro modo, pensar es el afán de captar mediante ideas la realidad; el movimiento espontáneo de la mente va de los conceptos al mundo.

Pero es el caso que entre la idea y la cosa hay siempre una absoluta distancia. Lo real rebosa siempre del concepto que intenta contenerlo. El objeto es siempre más y de otra manera que lo pensado en su idea. Queda ésta siempre como un mísero esquema, como un andamiaje con que intentamos llegar a la realidad. Sin embargo, la tendencia natural nos lleva a creer que la realidad es lo que pensamos de ella, por tanto, a confundirla con la idea, tomando ésta de buena fe por la cosa misma. En suma, nuestro prurito vital de realismo nos hace caer en una ingenua idealización de lo real. Esta es la propensión nativa, «humana».

Si ahora, en vez de dejarnos ir en esta dirección del propósito, lo invertimos y, volviéndonos de espaldas a la presunta realidad, tomamos las ideas según son —meros esquemas subjetivos— y las hacemos vivir como tales, con su perfil anguloso, enteco, pero transparente y puro —en suma, si nos proponemos deliberadamente realizar las ideas—, habremos deshumanizado, desrealizado éstas. Porque ellas son, en efecto, irreali-

---

[1] Sería enojoso repetir, bajo cada una de estas páginas, que cada uno de los rasgos subrayados por mí como esenciales al arte nuevo han de entenderse en el sentido de propensiones predominantes y no de atribuciones absolutas.

dad. Tomarlas como realidad es idealizar —falsificar ingenuamente. Hacerlas vivir en su irrealidad misma es, digámoslo así, realizar lo irreal en cuanto irreal. Aquí no vamos de la mente al mundo, sino al revés, damos plasticidad, objetivamos, *mundificamos* los esquemas, lo interno y subjetivo.

El pintor tradicional que hace un retrato pretende haberse apoderado de la realidad de la persona cuando, en verdad y a lo sumo, ha dejado en el lienzo una esquemática selección caprichosamente decidida por su mente, de la infinitud que integra la persona real. ¿Qué tal si, en lugar de querer pintar a ésta, el pintor se resolviese a pintar su idea, su esquema de la persona? Entonces el cuadro sería la verdad misma y no sobrevendría el fracaso inevitable. El cuadro, renunciando a emular la realidad, se convertiría en lo que auténticamente es: un cuadro —una irrealidad.

El expresionismo, el cubismo, etc., han sido en varia medida intentos de verificar esta resolución en la dirección radical del arte. De pintar las cosas se ha pasado a pintar las ideas: el artista se ha cegado para el mundo exterior y ha vuelto la pupila hacia los paisajes internos y subjetivos.

No obstante sus tosquedades y la basteza continua de su materia, ha sido la obra de Pirandello *Seis personajes en busca de autor* tal vez la única en este último tiempo que provoca la meditación del aficionado a estética del drama. Es ella un claro ejemplo de esa inversión del tema artístico que procuro describir. Nos propone el teatro tradicional que en sus personajes veamos personas y en los aspavientos de aquéllos la expresión de un drama «humano». Aquí, por el contrario, se logra interesarnos por unos personajes como tales personajes; es decir, como ideas o puros esquemas.

Cabría afirmar que es éste el primer «drama de ideas», rigurosamente hablando, que se ha compuesto. Los que antes se llamaban así no eran tales dramas de ideas, sino dramas entre pseudopersonas que simboli-

zan ideas. En los *Seis personajes,* el destino doloroso
que ellos representan es mero pretexto y queda desvir-
tuado; en cambio, asistimos al drama real de unas ideas
como tales, de unos fantasmas subjetivos que gesticulan
en la mente de un autor. El intento de deshumanización
es clarísimo y la posibilidad de lograrlo queda en este
caso probada. Al mismo tiempo se advierte ejemplar-
mente la dificultad del gran público para acomodar la
visión a esta perspectiva invertida. Va buscando el
drama humano que la obra constantemente desvirtúa,
retira e ironiza, poniendo en su lugar —esto es, en
primer plano— la ficción teatral misma, como tal
ficción. Al gran público le irrita que le engañen y no
sabe complacerse en el delicioso fraude del arte, tanto
más exquisito cuanto mejor manifieste su textura frau-
dulenta.

ICONOCLASIA

No parece excesivo afirmar que las artes plásticas del
nuevo estilo han revelado un verdadero asco hacia las
formas vivas o de los seres vivientes. El fenómeno
adquiere completa evidencia si se compara el arte de
estos años con aquella hora en que de la disciplina
gótica emergen pintura y escultura como de una pesadi-
lla y dan la gran cosecha mundanal del Renacimiento.
Pincel y cincel se deleitan voluptuosamente en seguir la
pauta que el modelo animal o vegetal presenta en sus
carnes mórbidas donde la vitalidad palpita. No importa
qué seres, con tal que en ellos la vida dé su pulsación
dinámica. Y del cuadro o la escultura se derrama la
forma orgánica sobre el ornamento. Es la época de los
cuernos de la abundancia, manantiales de vida torren-
cial que amenaza inundar el espacio con sus frutos
redondos y maduros.

¿Por qué el artista siente horror a seguir la línea
mórbida del cuerpo vivo y la suplanta por el esquema

geométrico? Todos los errores y aun estafas del cubismo no oscurecen el hecho de que durante algún tiempo nos hayamos complacido en un lenguaje de puras formas euclidianas.

El fenómeno se complica cuando recordamos que periódicamente atraviesa la historia esta furia de geometrismo plástico. Ya en la evolución del arte prehistórico vemos que la sensibilidad comienza por buscar la forma viva y acaba por eludirla, como aterrorizada o asqueada, recogiéndose en signos abstractos, último residuo de figuras animadas o cósmicas. La sierpe se estiliza en meandro, el sol en esvástica. A veces este asco a la forma viva se enciende en odio y produce conflictos públicos. La revolución contra las imágenes del cristianismo oriental, la prohibición semítica de reproducir animales —un instinto contrapuesto al de los hombres que decoraron la cueva de Altamira— tiene, sin duda, junto a su sentido religioso, una raíz en la sensibilidad estética, cuyo influjo posterior en el arte bizantino es evidente.

Sería más que interesante investigar con toda atención las erupciones de iconoclasia que una vez y otra surgen en la religión y en el arte. En el arte nuevo actúa evidentemente este extraño sentimiento iconoclasta y su lema bien podía ser aquel mandamiento de Porfirio que, adoptado por los maniqueos, tanto combatió San Agustín: *Omne corpus fugiendum est*. Y claro es que se refiere al cuerpo vivo. ¡Curiosa inversión de la cultura griega, que fue en su hora culminante tan amiga de las formas vivientes!

INFLUENCIA NEGATIVA DEL PASADO

La intención de este ensayo se reduce, como he dicho, a filiar el arte nuevo mediante algunos de sus rasgos diferenciales. Pero, a su vez, esta intención se halla al servicio de una curiosidad más larga que estas páginas no se atreven a satisfacer, dejando al lector que la sienta, abandonado a su privada meditación. Me refiero a lo siguiente.

En otro lugar[1] he indicado que el arte y la ciencia pura, precisamente por ser las actividades más libres, menos estrechamente sometidas a las condiciones sociales de cada época, son los primeros hechos donde puede vislumbrarse cualquier cambio de la sensibilidad colectiva. Si el hombre modifica su actitud radical ante la vida comenzará por manifestar el nuevo temperamento en la creación artística y en sus emanaciones ideológicas. La sutileza de ambas materias las hace infinitamente dóciles al más ligero soplo de los alisios espirituales. Como en la aldea, al abrir de mañana el balcón, miramos los humos de los hogares para presumir el viento que va a gobernar la jornada, podemos asomarnos al arte y a la ciencia de las nuevas generaciones con pareja curiosidad meteorológica.

Mas para esto es ineludible comenzar por definir el nuevo fenómeno. Sólo después cabe preguntarse de qué nuevo estilo general de vida es síntoma y nuncio. La respuesta exigiría averiguar las causas de este viraje extraño que el arte hace, y esto sería empresa demasiado grave para acometida aquí. ¿Por qué ese prurito de «deshumanizar», por qué ese asco a las formas vivas? Probablemente, como todo fenómeno histórico, tiene éste una raigambre innumerable cuya investigación requiere el más fino olfato.

Sin embargo, cualesquiera que sean las restantes, existe una causa sumamente clara, aunque no pretende ser la decisiva.

No es fácil exagerar la influencia que sobre el futuro del arte tiene siempre su pasado. Dentro del artista se produce siempre un choque o reacción química entre su sensibilidad original y el arte que se ha hecho ya. No se

---

[1] Véase mi libro *El tema de nuestro tiempo*. [Publicado en esta Colección.]

encuentra solo ante el mundo, sino que, en sus relaciones con éste, interviene siempre como un truchimán la tradición artística. ¿Cuál será el modo de esa reacción entre el sentido original y las formas bellas del pasado? Puede ser positivo o negativo. El artista se sentirá afín con el pretérito y se percibirá a sí mismo como naciendo de él, heredándolo y perfeccionándolo —o bien, en una u otra medida, hallará en sí una espontánea, indefinible repugnancia a los artistas tradicionales, vigentes, gobernantes. Y así como en el primer caso sentirá no poca voluptuosidad instalándose en el molde de las convenciones al uso y repitiendo algunos de sus consagrados gestos, en el segundo no sólo producirá una obra distinta de las recibidas, sino que encontrará la misma voluptuosidad dando a esta obra un carácter agresivo contra las normas prestigiosas.

Suele olvidarse esto cuando se habla de la influencia del ayer en el hoy. Se ha visto siempre, sin dificultad, en la obra de una época la voluntad de parecerse más o menos a la de otra época anterior. En cambio, parece costar trabajo a casi todo el mundo advertir la influencia negativa del pasado y notar que un nuevo estilo está formado muchas veces por la consciente y complicada negación de los tradicionales.

Y es el caso que no puede entenderse la trayectoria del arte, desde el romanticismo hasta el día, si no se toma en cuenta como factor del placer estético ese temple negativo, esa agresividad y burla del arte antiguo. Baudelaire se complace en la Venus negra precisamente porque la clásica es blanca. Desde entonces, los estilos que se han ido sucediendo aumentaron la dosis de ingredientes negativos y blasfematorios en que se hallaba voluptuosamente la tradición, hasta el punto que hoy casi está hecho el perfil del arte nuevo con puras negaciones del arte viejo. Y se comprende que sea así. Cuando un arte lleva muchos siglos de evolución continuada, sin graves hiatos ni catástrofes históricas que la interrumpan, lo producido se va hacinando y la densa tradición gravita progresivamente sobre la inspiración del día. O dicho de otro modo: entre el artista que nace y el mundo se interpone cada vez mayor volumen de estilos tradicionales interceptando la comunicación directa y original entre aquéllos. De suerte que una de dos: o la tradición acaba por desalojar toda potencia original —fue el caso de Egipto, de Bizancio, en general, de Oriente—, o la gravitación del pasado sobre el presente tiene que cambiar de signo y sobrevenir una larga época en que el arte nuevo se va curando poco a poco del viejo que le ahoga. Este ha sido el caso del alma europea, en quien predomina un instinto futurista sobre el irremediable tradicionalismo y *pasadismo* orientales.

Buena parte de lo que he llamado «deshumanización» y asco a las formas vivas proviene de esta antipatía a la interpretación tradicional de las realidades. El vigor del ataque está en razón directa de las distancias. Por eso lo que más repugna a los artistas de hoy es la manera predominante en el siglo pasado, a pesar de que en ella hay ya una buena dosis de oposición a estilos más antiguos. En cambio, finge la nueva sensibilidad sospechosa simpatía hacia el arte más lejano en el tiempo y el espacio, lo prehistórico y el exotismo salvaje. A decir verdad, lo que le complace de estas obras primigenias es —más que ellas mismas— su *ingenuidad,* esto es, la ausencia de una tradición que aún no se había formado.

Si ahora echamos una mirada de reojo a la cuestión de qué tipo de vida se sintomatiza en este ataque al pasado artístico, nos sobrecoge una visión extraña, de gigante dramatismo. Porque, al fin y al cabo, agredir al arte pasado, tan en general, es revolverse contra el *Arte* mismo, pues ¿qué otra cosa es concretamente el arte sino el que se ha hecho hasta aquí?

Pero ¿es que, entonces, bajo la máscara de amor al arte puro se esconde hartazgo del arte, odio al arte? ¿Cómo sería posible? Odio al arte no puede surgir sino donde domina también odio a la ciencia, odio al

Estado, odio, en suma, a la cultura toda. ¿Es que fermenta en los pechos europeos un inconcebible rencor contra su propia esencia histórica, algo así como el *odium professionis* que acomete al monje, tras largos años de claustro, una aversión a su disciplina, a la regla misma que ha informado su vida?[1]

He aquí el instante prudente para levantar la pluma dejando alzar su vuelo de grullas a una bandada de interrogaciones.

IRONICO DESTINO

Más arriba se ha dicho que el nuevo estilo, tomado en su más amplia generalidad, consiste en eliminar los ingredientes «humanos, demasiado humanos», y retener sólo la materia puramente artística. Esto parece implicar un gran entusiasmo por el arte. Pero al rodear el mismo hecho y contemplarlo desde otra vertiente sorprendemos en él un cariz opuesto de hastío o desdén. La contradicción es patente e importa mucho subrayarla. En definitiva, vendría a significar que el arte nuevo es un fenómeno de índole equívoca, cosa, a la verdad, nada sorprendente, porque equívocos son casi todos los grandes hechos de estos años en curso. Bastaría analizar un poco los acontecimientos políticos de Europa para hallar en ellos la misma entraña equívoca.

---

[1] Sería de interés analizar los mecanismos psicológicos por medio de los cuales influye negativamente el arte de ayer sobre el de mañana. Por lo pronto, hay uno bien claro: la fatiga. La mera repetición de un estilo embota y cansa la sensibilidad. Wölfflin ha mostrado en sus *Conceptos fundamentales en la historia del arte* el poder que la fatiga ha tenido una y otra vez para movilizar el arte, obligándole a transformarse. [Publicado en la Biblioteca Ideas del Siglo XX, dirigida por José Ortega y Gasset, Madrid, 1924.] Más aún en la literatura. Todavía Cicerón, por «hablar latín», dice *latine loqui;* pero en el siglo V Sidonio Apolinar tendrá que decir *latialiter insusurrare*. Eran demasiados siglos de decir lo mismo en la misma forma.

Sin embargo, esa contradicción entre amor y odio a una misma cosa se suaviza un poco mirando más de cerca la producción artística del día.

La primera consecuencia que trae consigo ese retraimiento del arte sobre sí mismo es quitar a éste todo patetismo. En el arte cargado de «humanidad» repercutía el carácter grave anejo a la vida. Era una cosa muy seria el arte, casi hierática. A veces pretendía no menos que salvar a la especie humana —en Schopenhauer y en Wagner. Ahora bien, no puede menos de extrañar a quien para en ello mientes que la nueva inspiración es siempre, indefectiblemente, cómica. Toda ella suena en esa sola cuerda y tono. La comicidad será más o menos violenta y correrá desde la franca «clownería» hasta el leve guiño irónico, pero no falta nunca. Y no es que el contenido de la obra sea cómico —esto sería recaer en un modo o categoría del estilo «humano»—, sino que, sea cual fuere el contenido, el arte mismo se hace broma. Buscar, como antes he indicado, la ficción como tal ficción es propósito que no puede tenerse sino en un estado de alma jovial. Se va al arte precisamente porque se le reconoce como farsa. Esto es lo que perturba más la comprensión de las obras jóvenes por parte de las personas serias, de sensibilidad menos actual. Piensan que la pintura y la música de los nuevos es pura «farsa» —en el mal sentido de la palabra— y no admiten la posibilidad de que alguien vea justamente en la farsa la misión radical del arte y su benéfico menester. Sería «farsa» —en el mal sentido de la palabra— si el artista actual pretendiese competir con el arte «serio» del pasado y un cuadro cubista solicitase el mismo tipo de admiración patética, casi religiosa, que una estatua de Miguel Angel. Pero el artista de ahora nos invita a que contemplemos un arte que es una broma, que es, esencialmente, la burla de sí mismo. Porque en esto radica la comicidad de esta inspiración. En vez de reírse de alguien o algo determinado —sin víctima no hay comedia—, el arte nuevo ridiculiza el arte.

Y no se hagan, al oír esto, demasiados aspavientos si se quiere permanecer discreto. Nunca demuestra el arte mejor su mágico don como en esta burla de sí mismo. Porque al hacer el ademán de aniquilarse a sí propio sigue siendo arte, y por una maravillosa dialéctica, su negación es su conservación y triunfo.

Dudo mucho que a un joven de hoy le pueda interesar un verso, una pincelada, un sonido que no lleve dentro de sí un reflejo irónico.

Después de todo no es esto completamente nuevo como idea y teoría. A principios del siglo XIX, un grupo de románticos alemanes dirigido por los Schlegel proclamó la ironía como la máxima categoría estética y por razones que coinciden con la nueva intención del arte. Este no se justifica si se limita a reproducir la realidad, duplicándola en vano. Su misión es suscitar un irreal horizonte. Para lograr esto no hay otro medio que negar nuestra realidad, colocándonos por este acto encima de ella. Ser artista es no tomar en serio al hombre tan serio que somos cuando no somos artistas.

Claro es que este destino de inevitable ironía da al arte nuevo un tinte monótono muy propio para desesperar al más paciente. Pero, a la par, queda nivelada la contradicción entre amor y odio que antes he señalado. El rencor va al arte como seriedad; el amor, al arte victorioso como farsa, que triunfa de todo, incluso de sí mismo, a la manera que en un sistema de espejos reflejándose indefinidamente los unos en los otros, ninguna forma es la última, todas quedan burladas y hechas pura imagen.

LA INTRASCENDENCIA DEL ARTE

Todo ello viene a condensarse en el síntoma más agudo, más grave, más hondo que presenta el arte joven, un facción extrañísima de la nueva sensibilidad estética que reclama alerta meditación. Es algo muy delicado de decir, entre otros motivos, porque es muy difícil de formular con justeza.

Para el hombre de la generación novísima, el arte es una cosa sin trascendencia. Una vez escrita esta frase me espanto de ella al advertir su innumerable irradiación de significados diferentes. Porque no se trata de que a cualquier hombre de hoy le parezca el arte cosa sin importancia o menos importante que al hombre de ayer, sino que el artista mismo ve su arte como una labor intrascendente. Pero aun esto no expresa con rigor la verdadera situación. Porque el hecho no es que al artista le interesen poco su obra y oficio, sino que le interesan precisamente porque no tienen importancia grave y en la medida que carecen de ella. No se entiende bien el caso si no se le mira en confrontación con lo que era el arte hace treinta años, y, en general, durante todo el siglo pasado. Poesía o música eran entonces actividades de enorme calibre: se esperaba de ellas poco menos que la salvación de la especie humana sobre la ruina de las religiones y el relativismo inevitable de la ciencia. El arte era trascendente en un noble sentido. Lo era por su tema, que solía consistir en los más graves problemas de la humanidad, y lo era por sí mismo, como potencia humana que prestaba justificación y dignidad a la especie. Era de ver el solemne gesto que ante la masa adoptaba el gran poeta y el músico genial, gesto de profeta o fundador de religión, majestuosa apostura de estadista responsable de los destinos universales.

A un artista de hoy sospecho que le aterraría verse ungido con tan enorme misión y obligado, en consecuencia, a tratar en su obra materias capaces de tamañas repercusiones. Precisamente le empieza a saber algo a fruto artístico cuando empieza a notar que el aire pierde seriedad y las cosas comienzan a brincar livianamente, libres de toda formalidad. Ese pirueteo universal es para él el signo auténtico de que las musas existen. Si cabe decir que el arte salva al hombre, es sólo porque le salva de la seriedad de la vida y suscita en él inesperada puericia. Vuelve a ser símbolo del arte la flauta mágica de Pan, que hace danzar los chivos en la linde del bosque.

Todo el arte nuevo resulta comprensible y adquiere cierta dosis de grandeza cuando se le interpreta como un ensayo de crear puerilidad en un mundo viejo. Otros estilos obligaban a que se les pusiera en conexión con los dramáticos movimientos sociales y políticos o bien con las profundas corrientes filosóficas o religiosas. El nuevo estilo, por el contrario, solicita, desde luego, ser aproximado al triunfo de los deportes y juegos. Son dos hechos hermanos, de la misma oriundez.

En pocos años hemos visto crecer la marea del deporte en las planas de los periódicos, haciendo naufragar casi todas las carabelas de la seriedad. Los artículos de fondo amenazan con descender a su abismo titular, y sobre la superficie cinglan victoriosas las yolas de regata. El culto al cuerpo es eternamente síntoma de inspiración pueril, porque sólo es bello y ágil en la mocedad, mientras el culto al espíritu indica voluntad de envejecimiento, porque sólo llega a plenitud cuando el cuerpo ha entrado en decadencia. El triunfo del deporte significa la victoria de los valores de juventud sobre los valores de senectud. Lo propio acontece con el cinematógrafo, que es, por excelencia, arte corporal.

Todavía en mi generación gozaban de gran prestigio las maneras de la vejez. El muchacho anhelaba dejar de ser muchacho lo antes posible y prefería imitar los andares fatigados del hombre caduco. Hoy los chicos y las chicas se esfuerzan en prolongar su infancia y los mozos en retener y subrayar su juventud. No hay duda: entra Europa en una etapa de puerilidad.

El suceso no debe sorprender. La historia se mueve según grandes ritmos biológicos. Sus mutaciones máximas no pueden originarse en causas secundarias y de detalle, sino en factores muy elementales, en fuerzas primarias de carácter cósmico. Bueno fuera que las diferencias mayores y como polares, existentes en el ser vivo —los sexos y las edades—, no ejerciesen también un influjo sobre el perfil de los tiempos. Y, en efecto, fácil es notar que la historia se columpia rítmicamente del uno al otro polo, dejando que en unas épocas predominen las calidades masculinas y en otras las femeninas, o bien exaltando unas veces la índole juvenil y otras la de madurez o ancianidad.

El cariz que en todos los órdenes va tomando la existencia europea anuncia un tiempo de varonía y juventud. La mujer y el viejo tienen que ceder durante un período el gobierno de la vida a los muchachos, y no es extraño que el mundo parezca ir perdiendo formalidad.

Todos los caracteres del arte nuevo pueden resumirse en este de su intrascendencia, que, a su vez, no consiste en otra cosa sino en haber el arte cambiado su colocación en la jerarquía de las preocupaciones o intereses humanos. Pueden representarse éstos como una serie de círculos concéntricos, cuyo radio mide la distancia dinámica al eje de nuestra vida, donde actúan nuestros supremos afanes. Las cosas de todo orden —vitales o culturales— giran en aquellas diversas órbitas atraídas más o menos por el centro cordial del sistema. Pues bien: yo diría que el arte situado antes —como la ciencia o la política— muy cerca del eje entusiasta, sostén de nuestra persona, se ha desplazado hacia la periferia. No ha perdido ninguno de sus atributos exteriores, pero se ha hecho distante, secundario y menos grávido.

La aspiración al arte puro no es, como suele creerse, una soberbia, sino, por el contrario, gran modestia. Al vaciarse el arte de patetismo humano queda sin trascendencia alguna —como sólo arte, sin más pretensión.

CONCLUSION

Isis miriónima, Isis la de diez mil nombres, llamaban los egipcios a su diosa. Toda realidad en cierto modo lo es. Sus componentes, sus facciones son innumerables. ¿No es audaz, con unas cuantas denominaciones, querer definir una cosa, la más humilde? Fuera ilustre casualidad que las notas subrayadas por nosotros entre infinitas resultasen ser, en efecto, las decisivas. La improbabilidad aumenta cuando se trata de una realidad naciente que inicia su trayectoria en los espacios.

Es, pues, sobremanera probable que este ensayo de filiar el arte nuevo no contenga sino errores. Al terminarlo, en el volumen que él ocupaba brotan ahora en mí curiosidad y esperanza de que tras él se hagan otros más certeros. Entre muchos podremos repartirnos los diez mil nombres.

Pero sería duplicar mi error si se pretendiese corregirlo destacando sólo algún rasgo parcial no incluido en esta anatomía. Los artistas suelen caer en ello cuando hablan de su arte, y no se alejan debidamente para tomar una amplia vista sobre los hechos. Sin embargo, no es dudoso que la fórmula más próxima a la verdad será la que en giro más unitario y armónico valga para mayor número de particularidades —y, como en el telar, un solo golpe anude mil hilos.

Me ha movido exclusivamente la delicia de intentar comprender —ni la ira ni el entusiasmo. He procurado buscar el sentido de los nuevos propósitos artísticos, y esto, claro es, supone un estado de espíritu lleno de previa benevolencia. Pero ¿es posible acercarse de otra manera a un tema sin condenarlo a la esterilidad?

Se dirá que el arte nuevo no ha producido hasta ahora nada que merezca la pena, y yo ando muy cerca de pensar lo mismo. De las obras jóvenes he procurado extraer su intención, que es lo jugoso, y me he despreocupado de su realización. ¡Quién sabe lo que dará de sí este naciente estilo! La empresa que acomete es fabulosa —quiere crear de la nada. Yo espero que más adelante se contente con menos y acierte más.

Pero, cualesquiera sean sus errores, hay un punto, a mi juicio, inconmovible en la nueva posición: la imposibilidad de volver hacia atrás. Todas las objeciones que a la inspiración de estos artistas se hagan pueden ser acertadas y, sin embargo, no aportarán razón suficiente para condenarla. A las objeciones habría que añadir otra cosa: la insinuación de otro camino para el arte que no sea éste deshumanizador ni reitere las vías usadas y abusadas.

Es muy difícil gritar que el arte es siempre posible dentro de la tradición. Mas esta frase confortable no sirve de nada al artista que espera, con el pincel o la pluma en la mano, una inspiración concreta[1].

---

[1] [La primera mitad de «La deshumanización del arte» se publicó inicialmente en el diario *El Sol,* los días 1, 16, 23, I; y 1, II, de 1924; e incluye hasta el epígrafe que comienza en la página 36 de esta edición. La obra entera se editó en libro en 1925. En esa primera edición se publicó conjuntamente con el ensayo «Ideas sobre la novela». Este ensayo figura reimpreso en el tomo *Ideas sobre el teatro y la novela,* publicado en esta Colección.]

OTROS ENSAYOS
DE ESTETICA

La sensibilidad política de las naciones cultas es tan aguda que, al rozar, a lo mejor, cosas muy remotas aparentemente de los negocios gubernamentales, se solivianta y estremece. Algo de esto ocurre en Alemania, donde no sólo el gran rebaño filisteo, sino también muchos sabios y artistas, miran al impresionismo pictórico como a un enemigo de la patria. Muestra semejante fenómeno el vicio nacionalista de la intolerancia: en este sentido merece, como todo nacionalismo, exquisito desprecio. Mas, por otra parte, es síntoma de una cultura todavía robusta, vívida e integral, de una visión del mundo compacta y tan elástica, que la menor conmoción de uno de sus extremos se propaga por toda ella galvanizándola. Y, efectivamente, no andan desorientados los filisteos cuando acusan al impresionismo de disolvente, de corruptor de las sustancias imperialistas que dan una cohesión antihistórica, violenta, al vario enjambre de pueblos germánicos. El Imperio alemán, como esas viviendas lacustres asentadas sobre el légamo enfermizo y movible, está constituido sobre lo culturalmente falso. La labor educativa alemana es hoy —¡no hablo de ayer!— una fábrica de falsificaciones. Desde los jardines de la infancia hasta los seminarios de las Universidades hállase montada una gigantesca industria para falsificar hombres y convertirlos en servidores del imperio. Hay una ciencia imperialista, una música nacionalista, una literatura celestina, una pintura idealizante y enervadora que operan sin descanso sobre la economía espiritual de los alemanes y han logrado embotar los rudos instintos de veracidad que caracterizan la acción histórica de aquella raza bárbara, es decir, nueva y aun no cómplice, cuya rápida victoria fue una irrupción de virtudes inéditas.

Es tan grande la solidaridad que existe entre los elementos de la cultura, que buscando la verdad de uno de ellos se corre el peligro de hallar la de todos los demás. Por eso saben muy bien los conservadores alemanes que si se fomenta la pintura verista —cuya fórmula acaso excesiva, incontinente y mística es el impresionismo—, no tardará mucho en descubrirse la verdad moral sobre las páginas de los libros y en votarse la verdad política en los comicios. Véase de qué manera este inocente ejercicio de pintar unas manzanas o unas patatas, según Dios las crió —como hizo Cézanne treinta años seguidos un día tras otro— puede abrir la primera brecha en la muralla de falsificaciones dentro de la cual se ha hecho fuerte el más fuerte imperio actual.

Pero frente a esta Alemania de hoy está la otra Alemania, la de ayer y de mañana, la de siempre. Y esta Alemania no muere; si muriera, fenecerían a la par las únicas posibilidades que quedan sobre Europa de un futuro digno de ser vivido. La tradición de Leibniz, Herder, Kant y Virchow sigue influyendo sobre la tierra imperializada, violentada, y encuentra siempre manadero en hombres entusiastas que os serán señalados, si allí vais, como hombres peligrosos, enemigos de la Constitución.

En estos días ha pasado por Madrid un alemán de este estilo: Julius Meier-Graefe, crítico de pintura, impresionista exacerbado, y, por tanto, ciudadano díscolo y temible. En la briosa cruzada que comienza a levantarse en Alemania para defender la verdad artística lleva Meier-Graefe una pica de vanguardia. Y ha sido tan osado que hace cuatro o cinco años publicó un libro, *El caso Boecklin,* donde se maldecía descaradamente al pintor más famoso entre los que han favorecido la mentira imperial. ¡Boecklin! ¡Nombre sagrado para las muchachas alemanas! Ante sus cuadros dulces, ingeniosos, pintados, más que con sus colores, con ideas generales, con blandos lugares comunes espumados del hervor romántico, las doncellitas bávaras, de carnes tan blancas y tan quietas, de almas góticas y hacendosas, que llevan miel sobre las pestañas y una abeja en el corazón, se han conmovido suavemente y han soñado otro mundo más vago, más fácil, más lleno de casualidades que el verdadero, un mundo, en fin, donde reine perennemente el feudalismo. ¿Qué otro arte puede placer a estas criaturitas de nervios inexpertos y que no han pasado de un erotismo elemental? El imperialismo alemán usa de los cien metros cuadrados de tela que haya podido pintar Boecklin como de una pantalla que intercepta la visión de la vida real, terriblemente precisa y sin equívocos, «de este valle de lágrimas —según decía Sancho—, de este mal mundo que tenemos, adonde apenas se halla cosa que esté sin mezcla de maldad, embuste y bellaquería», de este reino del hambre y de hartura, de la frivolidad y la desesperación, que *cuanto peor sea más tendrá que arreglar* y más graves convulsiones serán forzosas para enmendarlo. Porque a la postre, lector, son los cuadros de Boecklin una enorme pantalla con que se intenta tapar el socialismo.

No quería hacer hoy otra cosa, sino enviar un saludo agradecido a Meier-Graefe, que tan discretas cosas ha dicho sobre el impresionismo de nuestros viejos pintores. Tenemos en la confusión de nuestros museos y en la lobreguez de claustros y capillas las más hondas enseñanzas de veracidad estética que acaso hay en Europa.

Los grandes pintores del siglo XIX han venido a aprender a estas escuelas de naturalidad, y tornando a sus patrias han abierto una nueva Era en la pintura. Manet —ha dicho Meier-Graefe— enseña al hombre actual lo que hay en Velázquez de perenne. Cézanne sirve como una introducción a *el Greco*. Es lástima que no se haya intentado en España una exposición retrospectiva de la pintura extranjera en el siglo pasado. Y es lástima, asimismo, que ninguna casa editorial emprenda una traducción de la *Evolución del arte moderno*, obra capital de Meier-Graefe.

El Imparcial, 19 julio 1908.

¿UNA EXPOSICION ZULOAGA?

Entre las cosas fáciles, la más importante que podía intentar ahora el ministro de Instrucción Pública sería, en mi opinión, una Exposición Zuloaga. No se trata de un homenaje: homenajes se están haciendo todos los días y casi llegará a ser una distinción que se adjudicase a hombres de verdadero mérito no consagrarles homenaje alguno. Los hombres de gran valer no son acreedores a estas adehalas placenteras: bastante tienen con su propia sustancia. El placer del gran artista o del gran pensador al hallarse con la obra cumplida delante, tierna aún de la creación, paga sobradamente los graves esfuerzos en ella condensados. La conveniencia de una Exposición Zuloaga se funda en su utilidad para nosotros los que fuéramos a visitarla. ¿Y no está para esto puesto ahí el Ministerio de Instrucción Pública y Bellas Artes? Su función no es premiar los méritos de los españoles triunfantes con la pluma o el pincel; es más bien hacer posible la cultura, fomentar en la masa anónima las preocupaciones elevadas, suscitar en el ambiente público motivos de una vitalidad superior y hacer que la trivialidad del comercio ciudadano quede rota a menudo por corrientes difusas de valores ideales.

No concibo que un ministro de Instrucción Pública se quede satisfecho si a la vuelta de cada mes no le cabe la certidumbre de haber enriquecido la conciencia española con un nuevo tema cultural. Su dignidad es la más alta en una sociedad europea, es la forma moderna de aquella otra divina magistratura que sobre los campos tórridos de Pharan ejerció Aarón, hermano de Moisés. Sería vergonzoso que se contentase con administrar los servicios pedagógicos nacionales: al frente del personal educativo corresponde al ministro la ardiente actividad de primer maestro. ¿Por qué no ha de ocuparse en solicitar a las grandes personalidades europeas para que den conferencias en España? ¿Los grandes exploradores —Sven Hedin, Peary—, los grandes literatos —France, Lemaître, Pascoli, Bernard Shaw—, los grandes pensadores —Bergson, Croce, Simmel?...

Esta petición de que se organice una Exposición Zuloaga tiene un sentido pedagógico, el mejor sentido, el más fecundo que puede tener una cosa. La peregrinación de los lienzos egregios con sus bárbaras figuras por las tierras castizas de donde salieron removerá muchos nervios enmohecidos, levantará disputas, quebrará putrefactas opiniones, clasificará algunos pensamientos y en no pocas casas desespiritualizadas, recogidos los manteles tras la cena brutalmente breve a que obliga el ministro de Hacienda, se hablará de estética, gracias al ministro de Bellas Artes.

Y no sólo de estética: en la pintura de Zuloaga rebotan los corazones y van a parar rectos al problema español; sus cuadros son como unos ejercicios espirituales que nos empujan, más que nos llevan, a un examen de conciencia nacional. Ahora bien, esto es lo más grande, lo más glorioso que puede hacer por el porvenir de su raza un artista hispano: ponerla en contacto consigo misma, sacudirla y herirla hasta despertar totalmente su sensibilidad. Dotarla de intimidad.

No sé hasta qué punto sea acertado emplear los vocablos de máximo laude refiriéndose a Zuloaga.

Maeztu le ha llamado «genio». Esto es, desde luego, excesivo: genios son sólo los muertos. La genialidad es una condensación lenta de valores humanos sobre las obras de ciertos hombres, que en cuanto genios fueron inconmensurables a su época. Lo genial es una perspectiva secular que se han ido abriendo algunos libros, algunos cuadros y estatuas, algunas formas musicales. Sin esa trascendencia de lo contemporáneo no creo que haya motivo para usar de la palabra genio. Ocurre que luego de veinticuatro siglos continuamos sacando piedra nueva de la cantera platónica: Platón vive aún realmente, aún no es un pasado; Platón, por consiguiente, es un genio. La genialidad es, pues, un valor experimental. Maeztu aprende hoy en el *Quijote* a ordenar su visión del mundo; luego Cervantes no quedó agotado en el horizonte de ideas y emociones de su tiempo: porciones de su espíritu trascendieron vírgenes de aquella edad y hoy van siendo fecundas. La genialidad es experimental: geniales son las creaciones que aún pueden tener hijos, que son matrices vivas de cultura. Si genio es lo inconmensurable a su tiempo, la anticipación de posibilidades ilimitadas, ¿cómo pretender medir el genio de un hombre que vive con nosotros, fundido con lo pasajero, lo circunstancial, lo convenido, lo baladí?

Dejemos vacar ese vocablo que nos obligaría para justificarlo a ser nosotros mismos genios; reservémoslo para los hombres divinos en que la humanidad se ha labrado a sí misma con ejemplos, y para marcarles nuestro religioso respeto fijemos entre ellos y nosotros el margen de cincuenta, de sesenta años que podamos vivir.

Contentémonos con ir describiendo los elementos que hallamos valiosos en la obra de Zuloaga: precísennos los que entiendan las virtudes y vicios técnicos de su pintura. ¿Hasta qué punto es, por ejemplo, compatible con el título de gran pintor aprovecharse de maneras ajenas, administrar, en una palabra, el arcaísmo? ¿Hay o no hay algo de esto en Zuloaga?

Lo que ciertamente hay en él es un artista, y esa cualidad le eleva acaso sobre el resto de nuestra producción contemporánea. Poseemos algunos buenos pintores; pero, ¿qué es un hombre que sabe pintar al lado de un artista? El pintor copia una realidad que, poco más o menos, estaba ahí sin necesidad de su intervención: el sol sobre una playa admirablemente pintado, ¿qué me importa, si ahí tengo el sol sobre una playa admirablemente real, y además, para ir a verlo tomo el tren y protejo de esta manera la industria ferroviaria?

¿Dónde acaba la copia y empieza la verdadera pintura? ¿No pondremos sobre quien nos pinte cosas a aquel que nos pinte un cuadro?

De esta manera me encuentro perdido en un problema complicado del arte, al cual buscaré mañana solución. No hay nada tan expuesto como lanzarse a hablar de lo que no se conoce bien. Por cierto que, si no sé más de pintura, la culpa atañe al ministro de Bellas Artes que no nos proporciona suficientes exposiciones.

El Imparcial, 29 abril 1910.

ADAN EN EL PARAISO*

Para mi maestro Francisco Alcántara

I

¿Qué diría mi grande amigo Alcántara al sorprenderme en su huerto robando su fruta? Verdaderamente que cuando nos ponemos a hablar de lo que no entendemos bien, sentimos esa inquietud que muerde a quien entra sin permiso en la heredad ajena: la ley de propiedad que hollamos nos hiere las plantas de los pies y nuestras miradas buscan, tras de las bardas, al vigilante encargado de echarnos fuera. Pero Alcántara ama tanto la pintura que hasta le place si se habla torpemente de sus menesteres y se le falta al respeto. La falta de respeto es, al cabo, una forma de trato.

De todas suertes, no creo pernicioso que cada cual haga un intento honrado para orientarse en lo que desconoce. Yo trato de ponerme en claro a mí mismo el

---

* [Serie de artículos publicados en el diario *El Imparcial* los días 4 y 30, V; 20, VI; 27, VII, y 15, VIII, 1910.]

origen de aquellas emociones que se desprendieron de los cuadros de Zuloaga la primera vez que los vi: nada más. Allá los pintores dirán después qué haya de acertado en tales reflexiones, porque, en verdad, sólo ellos saben de pintura. El profano se coloca ante una obra de arte sin prejuicios, pero esta es la postura de un orangután. Sin prejuicios no cabe formarse juicios. En los prejuicios, y sólo en ellos, hallamos los elementos para juzgar. Lógica, ética y estética son literalmente tres prejuicios, merced a los cuales se mantiene el hombre a flote sobre la superficie de la zoología, y libertándose en el lacustre artificio se va labrando la cultura libérrimamente, racionalmente, sin intervención de místicas sustancias ni otras revelaciones que la revelación positiva, sugerida al hombre de hoy por lo que el hombre de ayer hizo. Los prejuicios iniciales de los padres producen una decantación de juicios que sirven de prejuicios a la generación de los hijos, y así en denso crecimiento, en prieta solidaridad a lo largo de la historia. Sin esta condensación tradicional de prejuicios no hay cultura.

Los pintores son herederos de la tradición plástica: reservémosles el derecho a juzgar de pintura mientras nosotros procuramos orientarnos hacia la adquisición de un prejuicio que organice nuestra sensibilidad de la luz, del color y de la forma. Querer, ante el *San Mauricio* del Greco, volver a la visión primitiva de las cosas, sería como ensayar vanamente una indigna postura de cinocéfalo.

Es característico de los cuadros de Zuloaga que, apenas nos ponemos a dialogar sobre ellos, nos hallamos complicados en esta cuestión: ¿Es así España o no es así? Ya no se habla, pues, de pintura: no se discute si a las manos o las teces de sus personajes corresponde una realidad fuera de sus cuadros. Esta cuestión de realismo plástico queda abandonada como un saco cuyo vientre ha derramado en torno rubias onzas. No cabe comprobación más exacta de que Zuloaga no concluye donde su pintura acaba; no agota su personalidad en su oficio.

Más allá del *métier,* Zuloaga continúa intentando algo trascendente a líneas y colores, algo de cuya realidad se disputa. Nótese bien: primero nos hallamos con un plano de pinceladas en que se transcriben las cosas del mundo exterior; este plano del cuadro no es una creación, es una copia. Tras él vislumbramos como una vida estrictamente interior al cuadro: sobre esas pinceladas flota como un mundo de unidades ideales que se apoya en ellas y en ellas se infunde; esta energía interna del cuadro no está tomada de cosa alguna, nace en el cuadro, sólo en él vive, es el cuadro.

Hay, pues, pintores que pintan cosas, y pintores que, sirviéndose de cosas pintadas, crean cuadros. Lo que constituye este mundo de segundo plano, al cual llamamos cuadro, es algo puramente virtual: un cuadro se compone de cosas; lo que en él hay además, no es ya una cosa, es una unidad, elemento indiscutiblemente irreal, al cual no puede buscarse en la naturaleza nada congruo. La definición que obtenemos de cuadro es tal vez harto sutil: la unidad entre unos trozos de pintura. Los trozos de pintura, mal que bien, podíamos sacarlos de la llamada realidad, copiándola, pero ¿y esa unidad, de dónde viene? ¿Es un color, es una línea? El color y la línea son cosas; la unidad, no.

Pero ¿qué es una cosa? Un pedazo del universo; nada hay señero, nada hay solitario ni estanco. Cada cosa es un pedazo de otra mayor, hace referencia a las demás cosas, es lo que es merced a las limitaciones y confines que éstas le imponen. Cada cosa es una relación entre varias. Pintar bien una cosa no será, pues, según antes suponíamos, tan sencilla labor como copiarla; es preciso averiguar de antemano la fórmula de su relación con las demás, es decir, su significado, su valor.

La prueba de que las cosas no son sino valores, es obvia; tómese una cosa cualquiera, aplíquense a ella distintos sistemas de valoración, y se tendrán otras tantas cosas distintas en lugar de una sola. Compárese lo que es la tierra para un labriego y para un astrónomo: al labriego le basta con pisar la rojiza piel del planeta y arañarla con el arado; su tierra es un camino, unos surcos y una mies. El astrónomo necesita determinar exactamente el lugar que ocupa el globo en cada instante dentro de la enorme suposición del espacio sidéreo: el punto de vista de la exactitud le obliga a convertirla en una abstracción matemática, en un caso de la gravitación universal. El ejemplo podía continuarse indefinidamente.

No existe, por lo tanto, esa supuesta realidad inmutable y única con quien poder comparar los contenidos de las obras artísticas: hay tantas realidades como puntos de vista. El punto de vista crea el panorama. Hay una realidad de todos los días formada por un sistema de relaciones laxas, aproximativas, vagas, que basta para los usos del vivir cotidiano. Hay una realidad científica forjada en un sistema de relaciones exactas, impuesto por la necesidad de exactitud. Ver y tocar las cosas no son al cabo, sino maneras de pensarlas.

Imaginad a un pintor que mire las cosas desde el punto de vista cotidiano y trivial: pintará muestras. O desde el punto de vista científico: pintará esquemas para los libros de física. O desde el punto de vista histórico: pintará láminas para un manual. Ejemplo: Moreno Carbonero. No extrañe mi atrevimiento al citar nombres. Un crítico distinguidísimo, ante *Las lanzas,* se ha creído obligado a hacer afirmación parecida; según él —yo ni entro ni salgo—, buscando el cuadro en el cuadro de *Las lanzas,* halló sólo una pagina portentosa de historia de la cultura española.

Yo no sé nada de esto: yo ahora trato únicamente de orièntarme hacia lo que deba llamarse pintor, artista pictórico.

Y según voy advirtiendo, el problema está en determinar —puesto que las cosas no son sino relaciones— qué género de relaciones serán las esencialmente pictóricas. Suponíamos al principio que es una gloria para Zuloaga el hecho de sorprendernos ante sus cuadros discutiendo de si España es o no es como él la pinta. Ahora la gloria parece equívoca. España es una idea general, un concepto histórico. El literato suele simpatizar con los cuadros que le incitan a mover el rebaño de sus pensamientos; el literato agradece siempre que se le facilite un artículo. ¿Pintará Zuloaga ideas generales? ¿Ese mundo interior de sus cuadros que le eleva sobre los meros copistas, habrá sido construido mediante un sistema de relaciones sociológicas? La duda es grave; un cuadro que se traduce directamente en formas literarias o ideológicas no es un cuadro, es una alegoría. La alegoría no es un arte independiente y serio, sino un juego, en el cual nos satisfacemos diciendo de una manera indirecta lo que podría decirse muy bien, y aun mejor, de otras varias maneras.

No, en el arte no hay juego: no hay tomarlo o dejarlo. Cada arte es necesario; consiste en expresar por él lo que la humanidad no ha podido ni podrá jamás expresar de otra manera. La crítica literaria ha desorientado siempre a los pintores, sobre todo desde que Diderot creó el género híbrido de literato-crítico de arte, como si la facilidad para trasvasar el contenido de una obra estética a otro tipo de formas expresivas no fuera la acusación más grave contra ella.

Entre el arte de copiar que posee Zuloaga y su capacidad sociológica, ¿quedará espacio para un pintor? ¿Nos servirá como ejemplo de artista plástico?

Sabemos ya que la unidad trascendente que organice el cuadro no ha de ser filosófica, matemática, mística ni histórica, sino pura y simplemente pictórica. Cuando nos quejamos de la falta de trascendencia que aqueja a los pintores, claro está que no pedimos a sus lienzos convertirse en luminosos tratados de metafísica.

II

Con un vago propósito de buscar una fórmula que defina el ideal de la pintura, escribí el primer artículo, titulado *Adán en el Paraíso*. Yo no sé bien por qué le

llamé así; al cabo del artículo me hallaba perdido en esta
selva oscura del arte, donde sólo han visto claro los
ciegos como Homero. En mi confusión me acogí al
recuerdo de una antigua amistad: el doctor Vulpius,
alemán, profesor de Filosofía. Muchas veces —pensé—
me habló este hombre, sutil y metafísico, de arte; solía-
mos pasear todas las tardes por el jardín zoológico de
Leipzig, húmedo, cubierto de césped verdinegro y planta-
do de altos árboles oscuros. De cuando en cuando las
águilas daban un gran grito legionario e imperial; el
«Wapiti», o ciervo del Canadá, mugía añorando las
largas praderas frías, y no era raro que alguna pareja de
patos se persiguiera sobre las aguas con lasciva algarabía,
siendo escándalo al honesto pueblo de los animales
mayores y más recatados.

Eran horas profundas y morosas: el doctor Vulpius no
hablaba sino de estética, y me anunciaba su viaje a
España. Según él, la estética definitiva tiene que salir de
nuestro país. La ciencia moderna es de origen italo-
francés; los alemanes crearon la ética, se justificaron por
la gracia moral y teológica, ya que les falta la otra; los
ingleses, por la política. Así me decía a vueltas de
muchos párrafos, mientras con lentitud desesperante un
criado del jardín limaba al elefante el callo de la frente.
El elefante es pensador.

Pedí a mi amigo que escribiera algo capaz de justificar
el título de mi primer artículo. Lo que me ha enviado es
largo y demasiado «técnico», o como decimos nosotros
cuando de una cosa no nos interesa ni siquiera la
superficie: demasiado profundo. Sin embargo, yo invito
al lector preocupado de la cuestiones artísticas a que lea
lo que sigue y lo medite algunos minutos.

III

Los aficionados al arte suelen sentir desvío por la
estética. Este es un fenómeno que tiene fácil explicación.
La estética intenta domesticar el lomo rotundo e inquieto

de Pegaso; pretende encajar en la cuadrícula de los conceptos la plétora inagotable de la sustancia artística. La estética es la cuadratura del círculo; por consiguiente, una operación bastante melancólica.

No hay manera de aprisionar en un concepto la emoción de lo bello que se escapa por las junturas, fluye, se liberta como los espíritus inferiores a quienes el cultivador de la magia negra intentaba en vano dar caza para encerrarlos tras de las panzas de las redomas. En estética siempre se le olvida a uno algo después de cerrar penosamente el baúl, y es menester volverlo a abrir y volverlo a cerrar y, al cabo, comenzar de nuevo. Con una peculiaridad: eso que habíamos olvidado es siempre lo principal.

De aquí que frente a la obra de arte no satisfaga nunca la observación estética. Esta se presenta tímida, torpe, servil, como perteneciendo a un mundo inferior donde todo es más trivial y sórdido. Conviene tener en cuenta esto siempre que se piensa sobre el arte. El arte es el reino del sentimiento, y dentro de la constitución de ese reino, el pensamiento sólo puede habitar a lo plebeyo y vulgar, sólo puede representar la vulgaridad. En ciencia y en moral el concepto es soberano: es él la ley, construye él las cosas. En el arte, su papel es meramente de guía, de orientador, como esas manos ridículas que el Municipio hace pintar a la entrada de los pueblos españoles, y bajo las cuales se lee: «Por aquí se va al fielato».

Así se explica el desdén que los aficionados al arte sienten por la estética; les parece filistea, formalista, anodina, sin jugo ni fecundidad; quisieran ellos que fuera aún más bella que el cuadro o la poesía. Mas para quien tiene conciencia de lo que significa una orientación exacta en asuntos como este, la estética vale tanto como la obra de arte.

IV

Para orientarse en el sentido de un arte conviene decidir su tema ideal. Cada arte nace por diferenciación de la necesidad radical de expresión que hay en el hombre, que *es* el hombre. Del mismo modo, los sentidos del animal son canales particulares que se ha ido abriendo, al través de la materia homogénea, una sensibilidad radical: el tacto. Y no fue el nervio ocular y los bastoncitos terminales del aparato visual quienes produjeron la primera visión: fue la necesidad de ver, la visión misma, quien creó un instrumento. Un mundo de posibles luminosidades reventaba como un clavel dentro del animal primitivo, y ese mundo excesivo, que no podía de un golpe ser gustado, se abrió un camino, una senda por los tejidos carnosos, un cauce de liberación hacia fuera, hacia el espacio, donde logró distribuirse ampliamente.

Dicho de otro modo: la función crea el órgano[1]. ¿Y la función quién la crea? La necesidad. ¿Y la necesidad? El problema.

El hombre lleva dentro de sí un problema heroico, trágico: cuanto hace, sus actividades todas, no son sino funciones de ese problema, pasos que da para resolver ese problema. Es este de tal calibre, que no hay manera de darle batalla campal: siguiendo la máxima *divide et impera,* el hombre lo secciona y lo va resolviendo por partes y estadios. La ciencia es la solución del primer estadio del problema; la moral es la solución del segundo. El arte es el ensayo para resolver el último rincón del problema.

Tenemos, por tanto, para nuestro asunto, que indicar

----

[1] También esto me parecería hoy una blasfemia si no me pareciera una ingenuidad. Ni la función crea el órgano, ni el órgano la función. Organo y función son coetáneos. (Nota de 1915.) [Esta nota y la siguiente fueron agregadas por el autor al reimprimir este ensayo en su libro *Personas, obras, cosas,* Madrid, 1916. El «también» inicial hace referencia a otras notas con correcciones igualmente agregadas a otros ensayos situados en las páginas precedentes del libro mencionado.]

en qué consiste el problema humano, del cual, como de un foco virtual, se derivan todos los actos del hombre, y luego, mostrando qué de ese problema queda en vías de solución por la ciencia y por la moral, obtendremos el problema puro y genuino del arte.

Las artes son sensorios nobles, por medio de los cuales se expresa a sí mismo el hombre lo que no puede alcanzar fórmula de otra manera. Como veremos, es característico del problema propio al arte ser insoluble. Ya que insoluble, el hombre intenta abarcarlo separando sus diversos aspectos, y cada arte particular es la expresión de un aspecto genuino del problema general.

Cada arte, pues, responde a un aspecto radical de lo más íntimo e irreductible que encierra en sí el hombre. Y ese aspecto no será, por consiguiente, sino el tema ideal de cada una.

La historia de un arte es la serie de ensayos para expresar ese tema ideal que justifica su diferenciación de las otras artes: es la trayectoria que recorre como una alada flecha, para allá, al fin de los tiempos, clavarse en su meta. Y este punto en el infinito marca la dirección, el sentido, el ser de cada arte.

V

Percatarse de una cosa no es conocerla, sino meramente darse cuenta de que ante nosotros se presenta algo. Una mancha oscura, a lo lejos, en el horizonte, ¿qué será? ¿Será un hombre, un árbol, la torre de una iglesia? No lo sabemos: la mancha oscura aguarda, aspira a que la determinemos: delante de nosotros tenemos, no una cosa, sino un problema. Digerimos y no sabemos qué es la digestión; amamos y no sabemos qué es el amor.

Las piedras, los animales viven: son vida. El animal se mueve, al parecer, por propio impulso; siente dolor, desarrolla sus miembros: él es esta su vida. La piedra yace sumida en un eterno sopor, en un sueño denso que pesa sobre la tierra: su inercia es su vida, es ella. Pero ni la piedra ni el animal se percatan de que viven.

Un día de entre los días, como dicen los cuentos árabes, allá, en el Jardín de Edén —que, según el profesor Delitzsch, de Berlín, en su libro *¿Dónde se hallaba el Paraíso?,* cae por Padam-Aram, conforme se va del Tigris al Eufrates—, un día, pues, dijo Dios: «Hagamos el hombre a nuestra imagen.» El suceso fue de enorme trascendencia: el hombre nació y súbitamente sonaron sones y ruidos inmensos a lo ancho del universo, iluminaron luces los ámbitos, se llenó el mundo de olores y sabores, de alegrías y sufrimientos. En una palabra, cuando nació el hombre, cuando empezó a vivir, comenzó asimismo la vida universal.

Dios, con efecto, no es sino el nombre que damos a la capacidad de hacerse cargo de las cosas. Si Dios, por tanto, creó al hombre a su semejanza, quiere decirse que creó en él la primera capacidad para darse cuenta que hasta entonces, fuera de Dios, existiera. Pero el texto venerable dice *a su imagen* solamente: luego la capacidad que fue donada al hombre no coincidía exactamente con la divina original, era una aproximación a la clarividencia de Dios, una sabiduría degradada y falta de peso, un *algo así como*. Entre la capacidad de Dios y la del hombre mediaba la misma distancia que entre darse cuenta de una cosa y darse cuenta de un problema, entre percatarse y saber.

Cuando Adán apareció en el Paraíso, como un árbol nuevo, comenzó a existir esto que llamamos vida. Adán fue el primer ser que, viviendo, se sintió vivir. Para Adán la vida existe como un problema.

¿Qué es, pues, Adán, con la verdura del Paraíso en torno, circundado de animales; allá, a lo lejos, los ríos con sus peces inquietos, y más allá los montes de vientres petrefactos, y luego los mares y otras tierras, y la Tierra y los mundos?

Adán en el Paraíso es la pura y simple vida, es el débil soporte del problema infinito de la vida.

La gravitación universal, el universal dolor, la materia inorgánica, las series orgánicas, la historia entera del hombre, sus ansias, sus exultaciones, Nínive y Atenas, Platón y Kant, Cleopatra y Don Juan, lo corporal y lo espiritual, lo momentáneo y lo eterno y lo que dura..., todo gravitando sobre el fruto rojo, súbitamente maduro del corazón de Adán. ¿Se comprende todo lo que significa la sístole y diástole de aquella menudencia, todas esas cosas inagotables, todo eso que expresamos con una palabra de contornos infinitos, VIDA, concretado, condensado en cada una de sus pulsaciones? El corazón de Adán, centro del universo, es decir, el universo íntegro en el corazón de Adán, como un licor hirviente en una copa.

Esto es el hombre: el problema de la vida.

VI

El hombre es el problema de la vida.

Todas las cosas viven. ¿Cómo —se nos dirá—, va usted a restaurar las místicas visiones de la filosofía de la Naturaleza? Fechner quería que los planetas fueran unos seres vivos dotados de instintos y de una poderosa sentimentalidad, como enormes rinocerontes astronómicos que rodaban en sus órbitas conmovidos por formidables pasiones sidéreas. Fourier, el charlatán Fourier, concedía a los cuerpos celestes una vida peculiar, que él llama *aromal,* y la atracción universal era, según él, no más que la expresión matemática de las relaciones amorosas habidas perpetuamente entre los astros, que andan cambiándose aromas como novios cósmicos. ¿Será algo parecido lo que yo quiero decir al decir que todas las cosas viven? ¿Vamos a arregostarnos de nuevo en el misticismo?

Nada menos místico que lo que yo quiero decir: todas las cosas viven.

La ciencia parece reducir el significado de la palabra *vida* a una disciplina particular: la biología. Según esto, la matemática, la física, la química, no se ocupan de la vida, y habría seres vivos —los animales— y seres que no viven —las piedras.

Por otro lado, los fisiólogos, al querer definir la vida mediante atributos puramente biológicos, se pierden siempre, y aún no han logrado una definición que se tenga en pie.

Frente a todo esto, opongo un concepto de vida más general, pero más metódico.

La vida de una cosa es su ser. ¿Y qué es el ser de una cosa? Un ejemplo nos lo aclarará. El sistema planetario no es un sistema de cosas, en este caso de planetas: antes de idearse el sistema planetario no había planetas. Es un sistema de movimientos; por tanto, de relaciones: el ser de cada planeta es determinado, dentro de este conjunto de relaciones, como determinamos un punto en una cuadrícula. Sin los demás planetas, pues, no es posible el planeta Tierra, y viceversa; cada elemento del sistema necesita de todos los demás: *es* la relación mutua entre los otros. Según esto, la esencia de cada cosa se resuelve en puras relaciones.

No otro es el sentido más hondo de la evolución en el pensamiento humano desde el Renacimiento acá: disolución de la categoría de sustancia en la categoría de relación. Y como la relación no es una *res,* sino una idea, la filosofía moderna se llama idealismo, y la medieval, que empieza en Aristóteles, realismo. La raza aria pura segrega idealismo: así Platón, así aquel indio que escribe en su *purana:* «Cuando el hombre pone en el suelo la planta, pisa siempre cien senderos.» Cada cosa una encrucijada: su vida, su ser es el conjunto de relaciones, de mutuas influencias en que se hallan todas las demás. Una piedra al borde de un camino necesita para existir del resto del Universo[1].

La ciencia se afana por descubrir ese *ser* inagotable que

---

[1] Este concepto leibniziano y kantiano del ser de las cosas me irrita ahora un poco. (Nota de 1915.)

constituye la vitalidad de cada cosa. Pero el método que emplea compra la exactitud a costa de no lograr nunca del todo su empeño. La ciencia nos ofrece sólo leyes, es decir, afirmaciones sobre lo que las cosas son en general, sobre lo que tienen de común unas con otras, sobre aquellas relaciones entre ellas que son idénticas para todas o casi todas. La ley de la caída de los graves expresa lo que es el cuerpo, la relación general según la cual se mueve *todo* cuerpo. Pero ¿*y este* cuerpo concreto qué es? ¿Qué es esta piedra venerable del Guadarrama? Para la ciencia esta piedra es un caso particular de una ley general. La ciencia convierte cada cosa en un caso, es decir, en aquello que es común a esta cosa con otras muchas. Esto es lo que se llama abstracción: la vida descubierta por la ciencia es una vida abstracta, mientras, por definición, lo vital es lo concreto, lo incomparable, lo único. La vida es lo individual.

Las cosas son casos para la ciencia: así queda resuelto el primer estadio del problema de la vida. Ahora es menester que las cosas sean algo más que cosas. Napoleón no es sólo un hombre, un caso particular de la especie humana: es este hombre único, este individuo. Y la piedra de Guadarrama es distinta de otra piedra químicamente idéntica que yaciera sobre los Alpes.

VII

La ciencia divide el problema de la vida en dos grandes provincias, que no comunican entre sí: la naturaleza y el espíritu. Así se han formado los dos linajes de ciencias: las naturales y las morales, que investigan las formas de la vida material y de la vida psíquica.

En el espíritu se ve más claramente que en la materia cómo el *ser,* la vida, no es sino un conjunto de relaciones. En el espíritu no hay cosas, sino estados. Un estado de espíritu no es sino la relación entre un estado anterior y otro posterior. No hay, por ejemplo, una tristeza absoluta, una cosa «tristeza». Si antes sentía yo inmensa alegría, y ahora los motivos de alegría, aunque grandes, son menores, me sentiré triste. La tristeza y la alegría florecen una de otra, son estados diversos de una misma cosa fisiológica, la cual, a su vez, es un estado de la materia o un modo de la energía.

Las ciencias morales, empero, están sometidas también al método de abstracción: describen la tristeza en general. Pero la tristeza en general no es triste. Lo triste, lo horriblemente triste, es esta tristeza que yo siento en este instante. La tristeza en cuanto vida, y no en cuanto idea general, es también algo concreto, único, individual.

VIII

Cada cosa concreta está constituida por una suma infinita de relaciones. Las ciencias proceden discursivamente, buscan una a una esas relaciones, y, por lo tanto, necesitarán un tiempo infinito para fijar todas ellas. Esta es la tragedia original de la ciencia: trabajar para un resultado que nunca logrará plenamente.

De la tragedia de la ciencia nace el arte. Cuando los métodos científicos nos abandonan, comienzan los métodos artísticos. Y si llamamos al científico método de abstracción y generalización, llamaremos al del arte método de individualización y concretación.

No se diga, pues, que el arte copia a la naturaleza. ¿Dónde está esa naturaleza ejemplar fuera de los libros de física? Lo natural es lo que acaece conforme a las leyes físicas, que son generalizaciones, y el problema del arte es lo vital, lo concreto, lo único en cuanto único, concreto y vital.

Es la naturaleza el reino de lo estable, de lo permanente; es la vida, por el contrario, lo absolutamente pasajero. De aquí que el mundo natural, producto de la ciencia, sea elaborado mediante generalizaciones, al paso que este nuevo mundo de la pura vitalidad, para construir el cual nació el arte, haya que crearlo mediante la individualización.

La naturaleza, entendida así como *naturaleza conocida* por nosotros, no nos presenta nada individual: el individuo es sólo un problema insoluble para los medios naturalistas, y han resultado vanos cuantos intentos han realizado los biólogos para definirlo. No sabemos quién es Napoleón, en cuanto tal individuo, mientras no reconstruya su individualidad algún biógrafo profundo. Ahora bien, la biografía es un género poético. Las piedras del Guadarrama no adquieren su peculiaridad, su nombre y ser propio en la mineralogía, donde sólo aparecen formando con otras piedras idénticas una clase, sino en los cuadros de Velázquez.

IX

Hemos visto que un individuo, sea cosa o persona, es el resultado del resto total del mundo: es la totalidad de las relaciones. En el nacimiento de una brizna de hierba colabora todo el universo.

¿Se advierte la inmensidad de la tarea que toma el arte sobre sí? ¿Cómo poner de manifiesto la totalidad de relaciones que constituye la vida más simple, la de este árbol, la de esta piedra, la de este hombre?

De un modo real es esto imposible; precisamente por esto es el arte ante todo artificio: tiene que crear un mundo virtual. La infinidad de relaciones es inasequible; el arte busca y produce una totalidad ficticia, una *como* infinitud. Esto es lo que el lector habrá experimentado cien veces ante un cuadro ilustre o una novela clásica; nos parece que la emoción recibida nos abre perspectivas infinitas e infinitamente claras y precisas sobre el problema de la vida. El *Quijote,* por ejemplo, deja en nosotros, como poso divino, una revelación súbita y espontánea que nos permite ver sin trabajo, de una sola ojeada, una anchísima ordenación de todas las cosas: diríase que de pronto, sin previo aprendizaje, hemos sido elevados a una intuición superior a la humana.

Por consiguiente, lo que debe proponerse todo artista es la ficción de la totalidad; ya que no podemos tener todas y cada una de las cosas, logremos siquiera la forma de la totalidad. La materialidad de la vida de cada cosa es inabordable; poseamos, al menos, la *forma de la vida*.

X

La ciencia rompe la unidad de la vida en dos mundos: naturaleza y espíritu. Al buscar el arte la forma de la totalidad tiene que fundir nuevamente esas dos caras de lo vital. Nada hay que sea sólo materia, la materia misma es una idea; nada hay que sea sólo espíritu, el sentimiento más delicado es una vibración nerviosa.

Para realizar esta función tiene el arte que partir de uno de esos mundos, y desde él dirigirse hacia el otro. Este es el origen de las varias artes. Si vamos de la naturaleza al espíritu, si partiendo de figuras espaciales, buscamos lo emocional, el arte es plástico: pintura. Si de lo emocional, de lo afectivo que fluye en el tiempo aspiramos a lo plástico, a las formas naturales, el arte es espiritual: poesía y música. Al cabo, cada arte es tanto lo uno como lo otro; pero su esfuerzo, su organización, están condicionados por el punto de partida.

XI

Cézanne, probablemente, no pintó bien nunca: faltábanle las dotes físicas del pintor. Sin embargo, nadie entre los contemporáneos ha visto con tanta profundidad el sentido radical de la pintura ni se ha propuesto tan claramente sus problemas sustanciales. En esto no hay paradoja: un hombre manco de ambos brazos, imposibilitado de coger los pinceles, puede abrigar en su pecho una emotividad pictórica de primer orden.

Cézanne solía tener en los labios una palabra de enorme trascendencia estética: *realizar*. Según él, esta palabra encierra el alfa y omega de la función del artista. Realizar, es decir, convertir en cosa lo que por sí mismo no lo es.

El arte padece desde hace tiempo grave desorientación por el empleo confuso a que se someten estos dos vocablos inocentes: realismo e idealismo. Comúnmente se entiende por realismo —de *res*— la copia o ficción de una cosa; la realidad, pues, corresponde a lo copiado; la ilusión, lo fingido, a la obra de arte.

Pero nosotros sabemos ya a qué atenernos frente a esa presunta realidad de las cosas; sabemos que una cosa no es lo que vemos con los ojos: cada par de ojos ve una cosa distinta y a veces en un mismo hombre ambas pupilas se contradicen.

Hemos asimismo notado que para producir una cosa, una *res,* forzosamente necesitamos de todas las demás. Realizar, por tanto, no será copiar una cosa, sino copiar la totalidad de las cosas, y puesto que esa totalidad no existe sino como idea en nuestra conciencia, el verdadero realista copia sólo una idea: desde este punto de vista no habría inconveniente en llamar al realismo más exactamente idealismo.

Pero la palabra idealismo padece también falsas interpretaciones: de ordinario, idealista es quien se comporta ante los usos prácticos de la vida con yo no sé qué estúpida vaguedad y ceguera; es el que trata de introducir en el clima ambiente proyectos adecuados a otros climas, el que camina dormido por el mundo. Suele decírsele también romántico e iluso. Yo le llamaría imbécil.

Históricamente, la palabra *idea* procede de Platón. Y Platón llamó ideas a los conceptos matemáticos. Y los llamó así pura y exclusivamente porque son como instrumentos mentales que sirven para construir las cosas concretas. Sin los números, sin el más y el menos, que son ideas, esas supuestas realidades sensibles que llamamos cosas no existirían para nosotros. De suerte que es esencial a una idea su aplicación a lo concreto, su aptitud a ser realizada. El verdadero idealista no copia, pues, las ingenuas vaguedades que cruzan su cerebro, sino que se hunde ardientemente en el caos de las supuestas realidades y busca entre ellas un principio de orientación para dominarlas, para apoderarse fortísimamente de la *res,* de las cosas, que son su única preocupación y su única musa. El idealismo verdaderamente habría de llamarse realismo.

XII

Cézanne, pintor, no dice nada distinto de lo que yo, estético, digo con palabras más técnicas. Cézanne: arte es realización. Yo: arte es individualización. Las cosas, las *res,* son individuos.

La realidad es la realidad del cuadro, no la de la cosa copiada. El modelo del Greco, para el retrato del *Hombre con la mano al pecho* fue un pobre ser que no logró individualizarse, realizarse a sí mismo, y se ha sumido en esa forma general que denominamos toledano del siglo XVII. El Greco fue quien, en su cuadro, lo individualizó, lo concretó, lo realizó para toda la eternidad. El Greco dio en el lienzo la última pincelada, y desde entonces una de las cosas más reales del mundo, de las cosas más cosas, es el *Hombre con la mano al pecho.*

¡Y esto es así, precisamente porque el Greco no copió todos y cada uno de los rayos luminosos que del modelo llegaban a su retina!

La realidad ingenua es, para el arte, puro material, puro elemento. El arte tiene que desarticular la naturaleza para articular la forma estética. Pintura no es naturalismo —sea impresionismo, luminismo, etc.—; naturalismo es técnica, instrumento de la pintura. El medio de expresión de ésta no se reduce a los colores: el natural, el modelo, el asunto, las cosas —en una palabra—, no son fines o aspiraciones de la pintura, sino medios simplemente, material, como el pincel y el aceite.

XIII

Lo importante es la articulación de ese material: esa articulación es una en la ciencia y otra en el arte. Dentro del arte, es una en la pintura y otra en la poesía.

La pintura interpreta el problema de la vida, tomando como punto de partida los elementos espaciales, las figuras. Aquella forma de la vida, aquella infinita totalidad de relaciones necesarias para constituir la simple vida de una piedra, se llama, en pintura, espacio. El pintor crea bajo su pincel una cosa, organizando un sistema de relaciones espaciales y dándole puesto en él; entonces aquella cosa comienza a vivir para nosotros.

El espacio es el medio de la coexistencia: si a un mismo tiempo existen varias cosas, débese al espacio. De aquí que cada pincelada en un cuadro tenga que ser el logaritmo de todas las demás; de aquí que un cuadro es tanto más perfecto cuanto más referencias haga cada centímetro cuadrado del lienzo al resto de él. Es la condición de la coexistencia, la cual no se reduce a un mero yacer una cosa junto a otra. La Tierra coexiste con el Sol, porque sin la Tierra el Sol se desbarataría, y viceversa: coexistir es convivir, vivir una cosa de otra, apoyarse mutuamente, conllevarse, tolerarse, alimentarse, fecundarse y potenciarse.

Es menester, pues, que el cuadro se halle presente y activo en cada una de sus porciones; el arte es síntesis merced a este poder particular y extraño de hacer que cada cosa penetre a las demás y en ellas perdure.

La construcción de la coexistencia, del espacio, necesita de un instrumento unitivo, de un elemento susceptible de diversificarse en innúmeras cualidades, sin dejar de ser uno y el mismo. Esta materia soberana de la pintura es la luz.

El pintor crea la vida con la luz, como Jehová al comienzo de la génesis. No se olvide que a cada creación particular, según el libro, Dios vio que era buena. Se imagina al Hacedor retirándose y entornando los ojos para obtener una visión más enérgica, más objetiva e impersonal de su obra: gesto de pintor.

La pintura es la categoría de la luz.

XIV

Lo dicho anteriormente aparecerá más fecundo si comparamos la pintura con otro arte: la novela, por ejemplo.

La novela es un género poético, cuyas épocas de germinación, progreso y expansión corresponden exactamente a análogos estadios de la evolución pictórica. Pintura y novela son artes románticos, modernos, nuestros. Maduraron como frutas del Renacimiento, es decir, como expresiones del problema del individuo, característico del Renacimiento.

En los siglos XV y XVI se descubre el interior del hombre, el mundo subjetivo, lo psicológico. Frente al mundo de las cosas fijas, firmemente asentadas en el espacio, surge el mundo fugaz de las emociones, esencialmente inquieto, fluyente en el tiempo. Este reino vital de los afectos halló, al punto, su expresión estética: la novela.

La sustancia última de la novela es la emoción: las novelas no están ahí para otra cosa que para revelarnos las pasiones de los hombres, no en sus manifestaciones activas y plásticas, no en sus acciones —para esto basta el poema épico—, sino en su origen espiritual, como contenidos nacientes del espíritu. Si la novela describe los actos de los personajes y aun el paisaje que les rodea, es sólo para explicar y posibilitar la sugestión directa de los afectos interiores a las almas.

Pero la vida de nuestro espíritu es sucesiva, y el arte que la expresa teje sus materiales en la apariencia fluida del tiempo. La convivencia de las almas se verifica sucesivamente: unas vierten en otras su contenido más íntimo, y de estas pasa a otras nuevas; así se ponen en relación unos corazones con otros. Por eso, el principio unitivo que emplea este arte temporal es el diálogo.

En la novela el diálogo es esencial, como en la pintura la luz. La novela es la categoría del diálogo.

Recorra el lector la historia de la novela: en la Grecia clásica sólo existen narraciones de viajes, lo que llamaban *teratologías*. Si queremos buscar algo verdaderamente helénico donde pueda hallarse en germinación la novela, sólo encontramos los diálogos platónicos, y en cierto modo la comedia. En contraposición a la épica, la novela se refiere a la actualidad; la narración para el griego había de proyectar siempre sus temas sobre el fondo matriz de las viejas edades míticas: la narración es leyenda. Sólo una cosa hallaron digna de ser descrita como actual: la conversación, el cambio de afectos de hombre a hombre.

La novela acaba de nacer en España: *La Celestina* es el último ensayo, el último esfuerzo de orientación para fijar el género: Cervantes, en el *Quijote,* además de otros tremendos donativos, ofrece a la humanidad un nuevo género literario. Ahora bien, el *Quijote* es un conjunto de diálogos. Tal vez esto dio motivos a discusiones entre los retóricos y gramáticos de su tiempo; certifique quien sepa de estas materias si puede referirse a algo parecido lo que Avellaneda dice al comienzo de su prólogo: «Como casi es *comedia* toda la *Historia de Don Quijote de la Mancha*...»

La luz es el instrumento de articulación en la pintura, su fuerza viva. Esto mismo es, en la novela, el diálogo.

XV

Creo que lo antedicho nos servirá para distinguir claramente entre lo que cada arte está llamado a expresar y los medios que emplea para la expresión; en una palabra, entre el tema ideal y la técnica.

La vitalidad en su forma espacial se nos ofrecía como

aspiración radical de la pintura; la luz, como un instrumento genérico.

En todo arte es importante esta distinción entre la técnica y la finalidad estética, pero en pintura mucho más. Una advertencia vulgarísima nos explicará el porqué.

Si tomando en su conjunto de un lado la historia de la pintura y de otro la de la literatura, comparamos el número de obras reconocidas como admirables por los críticos de uno y otro arte, nos hallamos con un hecho bruto que merece alguna justificación, si no ha de quedar incomprensible. A saber: el desequilibrio excesivo entre la abundancia de aciertos pictóricos del hombre y la exigüidad de sus aciertos literarios. Resulta que la humanidad ha ejecutado muchos más cuadros bellos que compuesto obras poéticas fuertes.

Yo me resisto a creer que haya sido así. Unos u otros, críticos de pintura o críticos literarios, se han equivocado, y, a mi entender, el error corresponde en este caso a los más benévolos. La crítica pictórica se ha excedido en la alabanza, seducida por una confusión entre el valor estético y el acierto técnico.

En pintura la técnica es sumamente compleja y sabia: el mecanismo productor de un cuadro es, si se compara con el instrumento literario —el idioma—, mucho menos espontáneo, más remoto de los medios naturales que emplea el hombre en los usos cotidianos del vivir. De otro modo: entre el *Quijote* y una conversación vulgar hay mucha menos distancia de complejidad técnica que entre un dibujo de Rembrandt y las líneas que una mano ingenua pueda trazar sobre un papel para fijar la impresión de una fisonomía o de un paisaje. Merced a esto, en pintura la técnica ha llegado a sustantivarse, a levantarse con la exigencia de que se le otorguen los honores de contenido artístico, siendo como es mero material. ¿Cuántos cuadros esencialmente antiestéticos no viven en la loa de la historia del arte por pura virtud y gracia de su técnica paciente, erudita, tenaz? Si fuéramos a revisar las glorias de la pintura con perentorias demandas de puro arte sustancial, todo el piso bajo de ella —el retrato— quedaría fuera de nuestra admiración, sin más excepciones que las de aquellos retratos que no lo fueran realmente, sino verdaderas composiciones, cuadros completos. Según todas las probabilidades, había de ocurrirnos lo propio con el paisaje y con el cuadro de historia, que suele ocultar, bajo la pompa cromática de los trajes, una triste mendicidad pictórica.

¿Será esto decir que el pintor haya de desentenderse de preocupaciones técnicas? Claro está que no; primero habrá que pintar de la mejor manera del mundo. Sólo quisiera dar a entender que después de pintar admirablemente, el pintor debe comenzar a hacerse artista. En la crítica momentánea es necesario conceder al punto de vista técnico la suprema instancia del juicio, porque esa crítica, más que un fin estimativo, tiene un sentido pedagógico; pero mirando los planos enormes de la historia toda de un arte, ¿qué quiere decir el bien pintado de unas manos o la caprichosidad de una línea?

Dentro del sentido que llevan estos párrafos, aparece desde luego como mucho más importante determinar *qué* debe pintarse: el *cómo* deba pintarse es cuestión secundaria, adjetiva, empírica, que acudirán a contestar con respuestas divergentes cien escuelas y mil pintores.

XVI

Una consecuencia sacamos, sin embargo: puesto que se pinta *con* la luz y *en* la luz, la pintura no tiene para qué pintar la luz. Vaya esta como crítica de todo luminismo que eleva el medio artístico a fin pictórico.

Llegamos, después de hartos rodeos, a la conclusión de nuestro razonamiento, a la fórmula que nos exprese cuál es el tema ideal de la obra pictórica. ¿Qué ha de pintarse?

Hemos visto que no han de pintarse ideas generales. Un cuadro no puede ser un trampolín que nos lance súbitamente a una filosofía. Por muy buena que sea, la filosofía que un cuadro pueda ofrecernos es forzosamente mala. La filosofía tiene su expresión propia, su técnica propia, condensada en la terminología científica, y aun esta le viene muy escasa. El mejor cuadro es siempre un mal silogismo.

El cuadro ha de ser en toda su profundidad pintura; las ideas que nos sugiera han de ser colores, formas, luz; lo pintado ha de ser Vida.

Y ahora tráigase a la memoria cuanto he dicho para dar a este pobre concepto de Vida fluidez estética. Vida es cambio de sustancias; por tanto, con-vivir, coexistir, tramarse en una red sutilísima de relaciones, apoyarse lo uno en lo otro, alimentarse mutuamente, conllevarse, potenciarse.

Pintar algo en un cuadro es dotarlo de condiciones de vida eterna.

Imaginaos delante de una obra a la moda. Sus figuras incitan nuestra fantasía al movimiento, nos conmueven, viven para nosotros. Pasan cincuenta años y aquellas figuras, ante las pupilas de nuestros hijos, permanecen mudas, quietas, muertas. ¿Por qué han muerto ahora? ¿De qué vivían antes? De nosotros, de nuestra sentimentalidad momentánea, periférica, pasajera. Aquellas figuras románticas se alimentaron de nuestro romanticismo: yerto este, se murieron de hambre y sed. El arte a la moda es fugaz por esto: vive del espectador, ser efímero, que cambia a poco, condicionado por la época, por el día, por la hora. El arte clásico no cuenta con el espectador: por eso nos es más difícil llegarnos íntimamente a él.

El pintor excelso ha puesto siempre en su cuadro no sólo las cosas que quiso o le convino copiar, sino un mundo inagotable de alimentos para que esas cosas pudieran perdurar en la vida eterna, en perpetuo cambio de sustancias. La conquista de lo que se ha llamado «aire», «ambiente», es un caso particular de esa exigencia incalculable.

Los egipcios miraban la muerte como una manera de la vida, como una existencia virtual de los seres más allá de lo visible. Por eso, para facilitarles esa nueva vida convertían los cadáveres en momias y encerraban con ellos en las mastabas toda suerte de alimentos.

Esto ha de pintar el pintor: las condiciones perpetuas de vitalidad. Esto han hecho todos los pinceles heroicos.

XVII

En el hombre la vida se duplica: sus gestos, sus miembros, son a un tiempo vida espacial y signos de vida afectiva. La pintura se integra en el cuerpo humano; al través de él penetra en su dominio, bajo el imperio de la luz, todo lo que no es inmediatamente espacio: las pasiones, la historia, la cultura.

El tema ideal de la pintura es, en consecuencia, el hombre en la naturaleza. No este hombre histórico, no aquel otro: el hombre, el problema del hombre como habitante del planeta. Reducir este problema a un tipo nacional, por ejemplo, es rebajarlo a las proporciones de una anécdota.

¿Será, pues, una extravagancia decir que el tema genérico, radical, prototípico de la pintura, es aquel que propone el Génesis en sus comienzos? Adán en el Paraíso. ¿Quién es Adán? Cualquiera y nadie particularmente: la vida.

¿Dónde está el Paraíso? ¿El paisaje del Norte o del Mediodía? No importa: es el escenario ubicuo para la tragedia inmensa del vivir, donde el hombre lucha y se reconforta para volver a luchar. Ese paisaje no necesita árboles sugestivos, ni «dolomitos», como la Gioconda; puede ser, como en la *Crucifixión* del Greco, un palmo de tinieblas a cada lado de la cabeza dolorosa del Cristo. Aquellas tinieblas brevísimas —como dice un crítico— podían considerarse extendidas por toda la tierra. Son lo bastante para que las sienes redentoras sigan perpetuamente viviendo la muerte de un crucificado.

Hasta aquí las notas que me envía el doctor Vulpius. Sus hábitos de pensador alemán le han inducido a buscar harto en su origen la cuestión. Problema, al parecer, tan exiguo como este del arte pictórico le ha llevado a desarrollar una visión sistemática del universo. No es extraño; su compatriota Lange dice en la *Historia del materialismo* que es Alemania el único país donde un boticario, para machacar en su mortero, necesita pensar en lo que esto significa dentro de la armonía universal.

I

Yo soy un hombre español, es decir, un hombre sin imaginación. No os enojéis, no me llaméis antipatriota. Todos venían a decir lo mismo. El arte español, dice Alcántara, dice Cossío, es realista. El pensamiento español, dice Menéndez Pelayo, dice Unamuno, es realista. La poesía española, la épica castiza, dice Menéndez Pidal, se atiene más que ninguna otra a la realidad histórica. Los pensadores políticos españoles, según Costa, fueron realistas. ¿Qué voy a hacer yo, discípulo de estos egregios compatriotas, si no tirar una raya y a hacer la suma? Yo soy un hombre español que ama las cosas en su pureza natural, que gusta de recibirlas tal y como son, con claridad, recortadas por el mediodía, sin que se confundan unas con otras, sin que yo ponga nada sobre ellas: soy un hombre que quiere ante todo ver y tocar las cosas y que no se place imaginándolas: soy un hombre sin imaginación.

Y lo peor es que el otro día entré en una catedral gótica... Yo no sabía que dentro de una catedral gótica habita siempre un torbellino; ello es que apenas puse el pie en el interior fui arrebatado de mi propia pesantez sobre la tierra —esta buena tierra donde todo es firme y claro y se pueden palpar las cosas y se ve dónde comienzan y dónde acaban. Súbitamente, de mil lugares, de los altos rincones oscuros, de los vidrios confusos de los ventanales, de los capiteles, de las claves remotas, de las aristas interminables se descolgaron sobre mí miríadas de seres fantásticos, como animales imaginarios y excesivos, grifos, gárgolas, canes monstruosos, aves triangulares; otros, figuras inorgánicas, pero que en sus acentuadas contorsiones, en su fisonomía zigzagueante se tomarían por animales incipentes. Y todo esto vino sobre mí rapidísimamente, como si habiendo sabido que yo iba a entrar en aquel minuto de aquella tarde se hubiera puesto a aguardarme cada cosa en su rincón o en su ángulo, la mirada alerta, el cuello alargado, los músculos tensos, preparados para el salto en el vacío. Puedo dar un detalle más común a aquella algarabía, a aquel *pandemonium* movilizado, a aquella irrealidad semoviente y agresiva; cada cosa, en efecto, llegaba a mí en área carrera desaforada, jadeante, perentoria, como para darme la noticia en frases veloces, entrecortadas, anhelosas, de no sé qué suceso terrible, inconmensurable, único, decisivo que había acontecido momentos antes allá arriba. Y al punto, con la misma rapidez, como cumplida su misión, desaparecía, tal vez tornaba a su cubil, a su alcándara, a su rincón cada bestia inverosímil, cada imposible pajarraco, cada línea angulosa viviente. Todo se esfumaba como si hubiera agotado su vida en un acto mímico.

Hombre sin imaginación, a quien no gusta andar en tratos con criaturas de condición equívoca, movediza y vertiginosa, tuve un movimiento instintivo, deshice el paso dado, cerré la puerta tras de mí y volví a hallarme sentado fuera, mirando la tierra, la dulce tierra quieta y áurea del sol, que resiste a las plantas de los pies, que no va y viene, que está ahí y no hace gestos ni dice nada. Y, entonces recordé que, obedeciendo un instante no más a la locura de toda aquella inquieta población interior del templo, había mirado arriba, allá, a lo altísimo, curioso de conocer el acontecimiento supremo que me era anunciado, y había visto los nervios de los pilares lanzarse hacia lo sublime con una decisión de suicidas, y en el camino trabarse con otros, atravesarlos, enlazarlos y continuar más allá sin reposo, sin miramientos, arriba, arriba, sin acabar nunca de concretarse; arriba, arriba, hasta perderse en una confusión última que se parecería a una nada donde se hallara fermentando todo. A esto atribuyo haber perdido la serenidad.

Tal aventura acontece siempre a un hombre sin imaginación, para quien sólo lo finito existe, cuando comete el desliz de ingresar en una catedral gótica, que es una trampa armada por la fantasía para cazar el infinito, la terrible bestia rauda del infinito.

Sin embargo, estas conmociones son oportunas; aprendemos en ellas nuestra limitación, es decir, nuestro destino. Con la limitación que ha puesto en nuestros nervios una herencia secular, aprendemos la existencia de otros universos espirituales que nos limitan, en cuyo interior no podemos penetrar; pero que resistiendo a nuestra presión, nos revelan que están ahí, que empiezan ahí donde nosotros acabamos. De esta manera, a fuerza de tropezones con no sospechados mundos colindantes, aprendemos nuestro lugar en el planeta y fijamos los confines de nuestro ámbito espiritual que en la primera mocedad aspiraba a henchir el universo.

Sí; donde concluye el español con su sensibilidad ardiente para las llamadas cosas reales, para lo circunscrito, para lo concreto y material; donde concluye el hombre sin imaginación empieza un hombre de ambiciones fugitivas, para quien la forma estática no existe, que busca lo expresivo, lo dinámico, lo aspirante, lo trascendente, lo infinito. Es el hombre gótico que vive de una atmósfera imaginaria.

He ahí los dos polos del hombre europeo, las dos formas extremas de la patética continental: el *páthos* materialista o del Sur, el *páthos* trascendental o del Norte.

Ahora bien: la salud es la liberación de todo *páthos*, la superación de todas las fórmulas inestables y excéntricas. Hace algún tiempo he hablado del *páthos* del Sur, he fustigado el énfasis del gesto español. Mal se me entendió si se me diputaba encarecedor del énfasis contrario, del *páthos* gótico.

Hace un año, por este tiempo, me hallaba yo en Sigüenza; una tierra muy roja, por la cual cabalgó Rodrigo, llamado Mi Señor, cuando venía de Atienza, una peña muy fuerte. Hay allí una vieja catedral de planta románica con dos torres foscas, almenadas, dos castillos guerreros, construidos para dominar en la tierra, llenos de pesadumbre, con sus cuatro paredes lisas, sin aspiraciones irrealizables. Posee aquel terreno un relieve tan rico de planos que, a la luz temblorosa del amanecer, tomaba una ondulación de mar potente, y la catedral, toda oliveña y rosa, me parecía una nave que sobre aquel mar castizo venía a traerme la tradición religiosa de mi raza condensada en el viril de su tabernáculo.

La catedral de Sigüenza es contemporánea, aproximadamente, del venerable Cantar del Mio Cid: mientras la hermana de piedra se alzaba sillar a sillar, el poema hermano organizaba sus broncos miembros, verso a verso, compuesto en recios ritmos de paso de andar. Ambos son hijos de una misma espiritualidad atenida a lo que se ve y se palpa. Ambas, religión y poesía, son aquí grávidas, terrenas, afirmadoras de este mundo. El otro mundo se hace en ellas presente de una manera humilde y simple, como rayico de sol que baja a iluminar las cosas mismas de este mundo y las acaricia y las hermosea y pone en ellas iridiscencias y un poco de esplendor. Uno y otro, templo y cantar, se contentan circunscribiendo un trozo de vida. La religión y la poesía no pretenden ellas suplantar esa vida, sino que la sirven y diaconizan. ¿No es esto discreto? La religión y la poesía son para la vida.

En las catedrales góticas, por el contrario, la religión se ha hecho sustantivo, niega la vida y este mundo, polemiza con ellos y se resiste a obedecer sus mínimas ordenanzas. Sobre la vida y contra la vida constituye esta religión gótica un mundo que ella misma se imagina orgullosamente.

Hay en el gótico un exceso de preocupaciones ascendentes: el cuerpo del edificio se dilacera para subir, se desfilacha, se deja traspasar y en sus flancos quedan abiertas las ojivas como ojales de llagas. Cuando el arte es sumo, consigue —¿qué no conseguirá el arte?— dar a la mole pétrea ilusión de levitación que perciben los estáticos: hay realmente iglesias dotadas de tal empuje pneumático ascendente, que las juzgamos capaces de ser asumptas al cielo, aun llevando a la rastra todo el peso de un cabildo gravitante.

Pero hay siempre en ellas, para un hombre sin imaginación, algo de petulante, un no querer hacerse cargo de las condiciones irrompibles del cosmos, una díscola huida de las leyes que sujetan al hombre a la tierra...

Prefiero la honrada pesadumbre románica, dice el hombre del Sur. Ese misticismo, esa suplantación de este mundo por otro me pone en sospechas. Unido a un gran respeto y a un fervor hacia la idea religiosa, hay en mí una suspicacia y una antipatía radicales hacia el misticismo, hacia el temperamento confusionario, que me impiden encontrarle justificación dondequiera se presenta. Siempre me parece descubrir en él la intervención de la chifladura o de la mistificación.

Sin embargo, la arquitectura es un documento tan amplio del espíritu en ella expresado, que ofrece la posibilidad de orientarnos sobre lo que realmente haya de verecundo, de profundamente humano y significativo en el misticismo gótico. La arquitectura es un arte étnico y no se presta a caprichos. Su capacidad expresiva es poco completa; sólo expresa, pues, amplios y simples estados de espíritu, los cuales no son los del carácter individual, sino los de un pueblo o de una época. Además, como obra material supera todas las fuerzas individuales: el tiempo y el coste que supone hacen de ella forzosamente una manufactura colectiva, una labor común, social.

Un libro reciente de Worringer, titulado *Problemas formales del arte gótico*[1], plantea de una manera radical el problema estético de este arte y el estado de espíritu que lo crea. Hallo con satisfacción no pocos puntos de vista comunes entre el libro del doctor Worringer y lo que yo escribí hace algún tiempo en esta hoja bajo el epígrafe *Adán en el paraíso*[2]. Según he oído no fue claro lo que entonces escribí, y esto me apena, porque se trataba de un ensayo de estética española y como una justificación teórica de nuestra peculiaridad artística. Ahora bien, siguiendo al doctor Worringer, voy a renovar, en otra forma y con los conceptos que él presenta, aquella cuestión de naturalismo e idealismo, de alma mediterránea y alma gótica. Es asunto en que conviene ver claro si hemos de iniciar algún día la historia científica, es decir, filosófica de España.

El Imparcial, 24 julio 1911.

II

QUERER Y PODER ARTISTICOS

La historia del arte ha sido hasta ahora, según Worringer en sus *Problemas formales del arte gótico,* la

---

[1] [Véase *La esencia del estilo gótico,* Revista de Occidente, Madrid, 1925.]

[2] [Incluido en las páginas precedentes de este volumen.]

historia de la habilidad o *poder* artístico. Se partía de la suposición gratuita según la cual el arte ha de aspirar, consiste en aspirar a reproducir una cosa que se llama el natural, y consecuentemente la mayor o menor perfección estética, la progresiva evolución del arte se iba midiendo por la mayor o menor aproximación a ese natural, por la mayor o menor habilidad productiva. Pero, ¿es serio creer que ha necesitado la humanidad millares de años para aprender a dibujar bien, es decir, conforme al natural? Por otro lado, épocas enteras del arte quedan, desde tal punto de vista, desprestigiadas e incomprensibles. ¿No nos moveremos dentro de un prejuicio tenaz? —ocurre preguntarse. ¿No será ese arte preocupado de emular la vida en la naturaleza meramente, una forma parcial del arte, la vigente en nuestra época y en aquellas que por asemejarse a la nuestra llamamos clásicas?

En realidad, esa pretendida sustancialidad naturalista del arte es un supuesto gratuito. Y es un supuesto, además de gratuito, vanidoso y limitado creer que aquellos estilos desemejantes del nuestro son resultado de un no *poder* dibujar, pintar o esculpir mejor. Más vale pensar lo contrario, pensar que las diversas épocas tienen distinto *querer*, distinta voluntad estética y que pudieron lo que quisieron, pero quisieron otra cosa que nosotros. Así se convertiría la historia del arte, que hasta ahora ha sido historia del *poder* artístico, de la técnica, en la historia del *querer* artístico, del Ideal. «El querer, no discutido hasta ahora, considerado como invariable y perenne, debe constituir el verdadero problema a investigar, pues, las menudas divergencias entre querer y poder, que en la producción artística de pasados tiempos realmente existen, son valores mínimos y despreciables, sobre todo si atendemos a la enorme distancia entre nuestras intenciones artísticas y aquellas pretéritas.»

El arte no es un juego ni una actividad suntuaria: es más bien, como dice Schmarsow, una explicación habida entre el hombre y el mundo, una operación espiritual tan necesaria como la reacción religiosa o la reacción científica. Ante una serie de hechos artísticos pertenecientes a una época o a un pueblo hay que preguntarse: ¿Qué última exigencia de su espíritu satisfizo aquella época, aquel pueblo en esos productos? De este modo transformaríamos la historia del arte en «una historia del sentimiento, como tal equivalente a la historia de la religión. Por sentimiento cósmico entendemos el estado psíquico en que cada vez se encuentra la humanidad frente al cosmos, frente a los fenómenos del mundo exterior. Ese estado se revela en la cualidad de las necesidades psíquicas, en el carácter de la voluntad artística de que es impronta o sedimento la obra de arte, o mejor dicho, el estilo de ésta, cuya peculiaridad es justamente la peculiaridad de aquellas creadoras necesidades psíquicas. Así, en la evolución del estilo se manifestarían las diversas gradaciones del sentimiento cósmico tan espontáneamente como en las teogonías de los pueblos».

La estética alemana es sólo la justificación del arte clásico y del Renacimiento, la negación de otra manera de moverse y temblar ante el universo.

Su propio arte nativo queda fuera de sus esquemas grecoitálicos hasta el punto de que, en opinión de Worringer, la palabra «belleza» se halla tan empapada de los valores clásicos que sólo nos entenderemos diciendo que el arte gótico no tiene nada que ver con la belleza. La espiritualidad gótica, solicitada por necesidades muy distintas de las que sintieron los pueblos mediterráneos, tiene asimismo una voluntad artística distinta, quiere otras formas. Por consiguiente, para forjar aquella voluntad formal gótica que en una simple orla de un traje se manifiesta tan fuerte e inequívocamente como en las grandes catedrales del siglo XIV, es necesario ampliar el cauce del sistema estético.

III

Y lo fatal es, lector, que hoy por hoy no existe más que una estética: la alemana.

Pues bien, la estética alemana contemporánea gravita casi íntegramente en un concepto que se expresa en un término sin directa equivalencia castellana: la *Einfühlung*. Dejo a un lado mis particulares opiniones sobre la dudosa precisión de este concepto, como me inhibo de toda crítica frente al psicologismo estético de Worringer. Me limito a exponer.

Vamos a traducir provisionalmente ese endemoniado vocablo germánico por uno, ya que tampoco español, al menos españolizado: simpatía. Teodoro Lipps, profesor en Munich, una de las figuras más gloriosas, más nobles, más sugestivas y veraces de la Alemania actual, ha traído a madurez este concepto de la simpatía y ha hecho de él centro de su estética.

Un objeto que ante nosotros se presenta no es, por lo pronto, más que una solicitación múltiple a nuestra actividad: nos invita a que recorramos con nuestros ojos su silueta; a que nos percatemos de sus tonos, unos más fuertes, otros más suaves; a que palpemos su superficie. En tanto no hemos realizado estas operaciones, u otras análogas, no podemos decir que hemos percibido el objeto; éste es, pues, resultado de unas incitaciones que recibimos y de una actividad que ponemos en obra por nuestra parte: movimientos musculares de los ojos, de las manos, etc.

Ahora bien: si el objeto es angosto y vertical, por ejemplo, nuestros músculos oculares verifican un esfuerzo de elevación: este esfuerzo está asociado en nuestra conciencia a otros movimientos incipientes de nuestro cuerpo, que tienden a levantarnos sobre el suelo y a las sensaciones musculares de peso, de resistencia, de gravitación. Se forma, pues, dentro de nosotros, en torno a la imagen bruta del objeto angosto y vertical un como organismo de actividades, de relaciones vitales: sentimos como si nuestras fuerzas, que aspiran hacia arriba, vencieran la pesantez, por tanto, como si nuestro esfuerzo triunfara. Y como todo esto lo hemos ido sintiendo mientras percibíamos aquel objeto exterior, y precisamente para percibirlo, fundimos lo que en nosotros pasa con la existencia de él y proyectamos hacia fuera todo junto, compenetrado, en una única realidad. El resultado es que no ya nosotros, sino el objeto angosto y vertical nos parece dotado de energía, nos parece esforzarse por erguirse sobre la tierra, nos parece triunfar sobre las fuerzas contradictorias. Y aquello que acaso era un montón inerte de piedras, puestas las unas sobre las otras, se levanta ante nosotros como dotado de una vitalidad propia, de una energía orgánica que por ser triunfadora nos parece grata. Este es el placer estético elemental que hallamos en la contemplación de las columnas, de los obeliscos. En realidad, somos nosotros mismos quienes gozamos de nuestra actividad, de sentirnos poseedores de poderes vitales triunfantes; pero lo atribuimos al objeto, volcamos sobre él nuestra emotividad interna, vivimos en él, simpatizamos.

Esta es la simpatía: «Sólo cuando existe esta simpatía —dice Lipps— son bellas las formas y su belleza no es otra cosa que este sentirse idealmente vivir una vida libre.» «Goce estético es, por tanto, goce de sí mismo objetivado.»

Según esta teoría, el arte vendría a ser la fabricación de formas tales que susciten en nosotros esa vitalidad orgánica potenciada, esa expansión virtual de energías, esa liberación ilimitada e imaginaria. La consecuencia es obvia: el arte, entendido así, propenderá siempre a presentarnos las formas orgánicas vivas en toda su riqueza y libertad, el arte buscará constantemente la captación de la vida animal real, que es la que más puede favorecer esa vida virtual; el arte, en suma, será esencialmente naturalista.

Frente a esta teoría se presentan masas enormes de hechos artísticos. Los pueblos salvajes, las épocas de arte primitivo, ciertas razas orientales practican un arte que niega la vida orgánica, que huye de ella, que la repele. Los dibujos y ornamentos del salvaje, el estilo geométrico de los pueblos arios al comienzo de su historia, la decoración árabe y persa, china y, en parte, la japonesa son otras tantas contradicciones de esa supuesta tendencia simpática que se atribuye a todo arte. Los iconoclastas caen sobre la estética de la simpatía, y al romper las imágenes de seres vivos obedeciendo a un instinto indiferenciado, a un tiempo estético y religioso, la hacen imposible.

Worringer propone que al lado de la voluntad artística que quiere las formas vivas se abra otro registro en la estética para la voluntad artística que quiere lo no vivo, lo no orgánico e inserto en el movimiento universal. En una palabra, frente a la simpatía propone la abstracción como motor estético.

En un dibujo geométrico el goce estético no procede de que transfiera a él los esfuerzos imprecisos, innumerables, los movimientos cambiantes de mi vida interior que fluye constantemente sin orden, sin compás, sin regla, que es un caos omnímodo, irreductible a cauce donde no damos pie, donde todo va y viene y claudica, sin nada en reposo, fijo, inequívoco. No gozo yo, pues, de mí mismo en el dibujo geométrico, sino al contrario, me salvo del naufragio interior, olvidándome de mí en aquella realidad regulada, clara, precisa, sustraída a la mudanza y a la confusión. Me salvo en ella de la vida, de mi vida.

La voluntad simpática y la voluntad abstractiva son el carácter distintivo de dos posturas diversas que toma el hombre ante el mundo, de dos épocas, en cierto modo, de dos razas. Veamos cómo nos muestra Worringer impreso en los estilos artísticos el carácter diferencial del hombre primitivo, del hombre mediterráneo, del hombre gótico.

El Imparcial, 31 julio 1911.

IV

EL HOMBRE PRIMITIVO

La agorafobia, el terror que experimenta el neurasténico cuando tiene que atravesar una plaza vacía, nos puede servir de metáfora para comprender la postura inicial del hombre ante el mundo. Aquella fobia hace pensar en un como resurgimiento atávico, en un como resto superviviente de las formas animales primitivas, que después de larga evolución, han madurado en la forma humana. Hacen pensar en aquellos seres dotados de una vida elemental que disponían solamente del tacto para guiarse en la existencia. Los demás sentidos fueron más tarde apareciendo a modo de complicaciones y artificios sobre aquel sentido fundamental. Largas edades de aprendizaje fueron precisas para que la orientación visual alcanzara la seguridad que al animal ofrecía originariamente el tacto. Tan pronto como el hombre, dice Worringer en su primer libro, *Abstracción y simpatía,* se hizo bípedo, tuvo que confiarse a sus ojos, y debió padecer una época de vacilación e inseguridad. El espacio visual es más abstracto, más ideal, menos calificado que el espacio táctil. Así el neurasténico no se atreve a lanzarse en línea recta por medio de la plaza, sino que se escurre junto a las paredes y palpándolas afirma su orientación.

Es curioso, prosigue, que en la arquitectura egipcia perdura este terror al espacio. «Por medio de las innumerables columnas, innecesarias para la función constructiva, evitaban la impresión del espacio vacío, ofreciendo a la mirada puntos de apoyo.»

El hombre primitivo es, por decirlo así, el hombre táctil: aún no posee el órgano intelectual merced al cual es reducida la pavorosa confusión de los fenómenos a las leyes y relaciones fijas. El mundo es para él la absoluta confusión, el capricho omnímodo, la tremebunda presencia de lo que no se sabe qué es. La emoción radical del hombre primitivo es el espanto, el miedo a la realidad. Camina agarrándose a las paredes del universo; es decir, conducido por sus instintos. «Desconcertado, aterrorizado por la vida, busca lo inanimado, en que se halla eliminada la inquietud del devenir y donde encuentra fijeza permanente. Creación artística significa para él evitar la vida y sus caprichos, fijar intuitivamente, tras la mudanza de las cosas presentes, un más allá firme en que el cambio y la caprichosidad son superados.» De aquí el estilo geométrico. Todo su afán consiste en arrancar los objetos de la conexión natural en que viven, de la infinita variabilidad caótica. Privando a lo vivo de sus formas orgánicas, lo eleva a una regularidad inorgánica superior, lo aísla del desorden y de la condicionalidad, lo hace absoluto, necesario.

La primera consecuencia técnica a que esta voluntad artística conduce es la negación de la masa, del color, del claroscuro, y el invento de algo que no hay en la realidad, que en su rigidez y precisión repele lo vital: la línea.

El arte primitivo burla la ferocidad del caos ambiente, traduciendo las formas orgánicas en formas geométricas, es decir, matando aquéllas. La obra artística, «en lugar de ser la copia de algo real, condicionado, es el símbolo de lo irracional y necesario».

Otras consecuencias derivan de esta primera. Así el arte primitivo se mantiene en la reproducción superficial, suprime la tercera dimensión del espacio porque la forma cúbica es la que presta vitalidad a los objetos. Cuando Rodin, típico representante del naturalismo clásico, quiere formular su fe artística de una manera breve y decisiva, exclama: «La *razón cúbica* es la soberana de las cosas.» Además de la representación superficial, caracteriza la ornamentación primitiva la figura singular; cada cosa, aislada en sí misma, libertada de su conexión difusa con las demás. En fin, el espacio entre ellas no es jamás reproducido. Recuérdese que el arte contemporáneo nada pretende con tanto afán como reproducir el espacio neutro que había entre las cosas, hasta el punto de que los objetos mismos se consideran como motivos secundarios y pretextos para un ambiente.

V

EL HOMBRE CLASICO

El intelecto, como hábil ingeniero que por medio de diques gana al mar terreno y lo aleja, va reduciendo el desorden a orden, el caos a cosmos. Lo que llamamos Naturaleza es la porción de caos sometida a fijeza y regularidad, lo urbanizado por la ciencia. Dentro de ella resplandece la armonía y la conveniencia; todo marcha con buen compás siguiendo las normas predispuestas que el intelecto descubre.

Según Worringer, en el hombre clásico entendimiento e instinto llegan a un equilibrio; ni éste sobrepasa a aquél en sus exigencias, ni aquél responde a éste con negaciones. Las cosas exteriores aparecen tan gratamente organizadas como nuestros propios pensamientos y entre ambos mandos, el de las ideas y el de las cosas, hay una perfecta correspondencia. Diríase que la Naturaleza es un hombre más grande y el hombre un pequeño mundo.

La postura del hombre clásico ante el universo tiene, consecuentemente, que ser de confianza. El griego racionaliza al mundo, le hace antropomorfo, semejante a sí mismo. De suerte que es un placer sumirse en la contemplación de las cosas vivas que, en su aparente mutabilidad, no hacen sino repetir ampliadas, potenciadas, las reglas mismas con que se mueven dentro de nosotros los sentimientos, los afectos, las ideas. ¡Qué divina, qué humana complacencia hallarse repetido en las formas infinitas de la vitalidad universal!

Nuestro autor caracteriza, pues, al hombre clásico por el racionalismo, por falta de sensibilidad y de interés por ese «más allá» que limita la porción del mundo acotada por nuestra razón. Dejemos a un lado toda discusión sobre si esta característica es o no acertada, y prosigamos.

Este hombre, para quien sólo este mundo existe, el mundo de lo real, que es el mundo de lo racional, sentirá dondequiera mire la voluptuosidad de la armonía que rige las formas corporales, es decir, la belleza, la buena proporción. En la antología del monje Planudio, donde se ha almacenado todo el menudo erotismo helénico, se dice del talle de una mujer que era «armonioso y divino». Para el griego que escribió aquel meloso epigrama, lo divino, lo bello y cumplido es lo que guarda ciertas buenas proporciones. Ahora bien: lo que en nuestras matemáticas se llama proporción, se llama en las antiguas razón. Esta razón o regularidad de lo viviente, ese ritmo placentero de lo orgánico, esa razón que hay en la planta como en el hombre, constituye el lema del arte clásico, del arte simpático propio de un temperamento confiado, amigo y afirmador de la vida. El griego busca en la plástica ese placer causado «por el misterioso poder de la forma orgánica, en que se puede gozar del propio organismo potenciado». Con el mismo fin, el Renacimiento estudia afanosamente las formas reales, no para lograr copias, sino para aprender en ellas los tesoros de armonía que su optimismo triunfante le hace sospechar desparramados por la vitalidad cósmica.

Conviene, sin embargo, subrayar que el hombre clásico no es naturalista al modo que el español. No le interesan las cosas tal y como se presentan, en su rudeza concreta, en su áspera individualidad, sino lo que de normal, jocundo y bien adobado se halle en cada objeto, en cada ser.

VI

Worringer, dejándose llevar por Schopenhauer, admite una tercera postura del hombre ante el mundo. Ya ha sido superado el terror primitivo; ya los griegos han tenido sobre los fenómenos naturales sus retículas científicas; ya el conocimiento ha puesto como un orden en la originaria confusión. El hombre oriental, empero, no es tan fácil de contentar como el griego o el italiano: acepta la labor urbanizadora del intelecto, reconoce que hay como ritmos y como leyes, según los cuales se verifican las transformaciones naturales; pero su instinto es más profundo, supera y trasciende la razón, y al través de ese velo bien urdido de la lógica y de la física palpa una ultrarrealidad de quien las cosas presentes son como vagos ensueños y apariencias. Según él, lo que el hombre clásico llamaba Naturaleza es sólo el velo de Maya prendido sobre una incognoscible realidad trasmundana.

Y esto le lleva a una emoción de desdén y despego hacia la vitalidad aparente, análoga a la que experimenta el cristianismo. El arte oriental es, como el primitivo, abstracto, geométrico, irreal, trascendente; pero no oriundo, como aquél, del miedo, sino de extrema sutileza mental.

Worringer prepara de esta manera su defensa del misticismo gótico. Porque eso es misticismo: suponer que podemos aproximarnos a la verdad por medios más perfectos que el conocimiento.

Mas, aparte de esa insoportable metafísica schopenhaueriana, exenta de claridad y de interés, hay en las ideas de Worringer no pocas dificultades. Una de ellas será preciso mentar, porque nos atañe muy de cerca a los españoles.

La teoría de nuestro autor exige que el arte haya comenzado históricamente con el estilo abstracto y geométrico. Mas he aquí que las pinturas descubiertas en Dordogne, La Madeleine, Thüngen y más recientemente en Kom-el-Ajmar (Egipto) y en la cueva de Altamira (Santander) vienen a esa teoría como pedrada en ojo de boticario. Los artistas españoles que hace trece mil años cubrieron las paredes de una caverna con figuras de bisontes —propiamente *urus* o toros de Europa— aspiran a abrir la historia del arte. Y el caso es que su obra rezuma al través de los milenios un realismo agresivo y vencedor. Los toros magníficos, de hinchada cerviz y testuz crinada, aquellos soberbios cuadrúpedos cuya vista maravilló a César cuando entró en Aquitania, y de que hoy subsisten sólo unos cuantos centenares recluidos en dos fincas del zar ruso, perviven inmortalizados por manos certeras, guiadas por corazones amantes desaforados de lo real, en el fresco prehistórico de Altamira. Goya, en sus dibujos tauromáquicos, es un mísero discípulo de aquellos iberos pintores. ¡Eso no es arte! —prorrumpe Worringer—, eso es instinto de imitación. Los pintores de Altamira no hacen cosa distinta de lo que hoy siguen haciendo los negros de Africa.

Worringer, que tan buenas intenciones mostraba de corregir la estrechez de ánimo de los profesores alemanes que quieren reducir el arte al módulo grecolatino, peca en este caso del mismo vicio. Esos restos de un arte mediterráneo prehistórico no son manifestaciones de imitativismo infantil: una poderosa voluntad artística se revela en aquellas enérgicas líneas y manchas; más todavía, una postura genuina ante el mundo, una metafísica que no es la abstractiva del indoeuropeo, ni el naturalismo racionalista clásico, ni el misticismo oriental.

VII

Yo llamo a este fondo último de nuestra alma *mediterranismo*, y solicito para el hombre mediterráneo, cuyo representante más puro es el español, un puesto en la galería de los tipos culturales. El hombre español se caracteriza por su antipatía hacia todo lo trascendente; es un materialista extremo. Las cosas, las hermanas cosas, en su rudeza material, en su individualidad, en su miseria y sordidez, no quintaesenciadas y traducidas y estilizadas, no como símbolo de valores superiores... eso ama el hombre español. Cuando Murillo pinta junto a la Sagrada Familia un puchero, diríase que prefiere la grosera realidad de éste a toda la corte celestial; sin espiritualizarlo, lo mete en el cielo con su olor mezquino de olla recalentada y grasienta.

¿No puede afirmarse que bajo los influjos superficiales, aunque incesantes, de razas más imaginativas o más inteligentes, hay en nuestro arte una corriente de subsuelo que busca siempre lo trivial, lo intrascendente?

Este arte quiere salvar las cosas en cuanto cosas, en cuanto materia individualizada. Así, hace poco, en un rapto bellísimo de brutal materialismo, el rector de la Universidad de Salamanca componía unos versos declarando su inequívoca decisión de no salvarse si no se salva su perro, si no le acompaña al empíreo y corre con él de nube en nube lamiéndole la mano de su alma. ¡Amor a lo trivial, a lo vulgar! Alcántara llama al arte español «vulgarismo». ¡Cuán exacto! Lo mejor que ha traído la literatura española en los últimos diez años ha sido los ensayos de *salvación* de los casinos triviales de los pueblos, de las viejas inútiles, de los provincianos anónimos, de los zaguanes, de las posadas, de los caminos polvorientos —que compuso un admirable escritor, desaparecido hace cuatro años y que se firmaba con el seudónimo *Azorín*.

La emoción española ante el mundo no es miedo, ni es jocunda admiración, ni es fugitivo desdén que se aparta de lo real, es de agresión y desafío hacia todo lo suprasensible y afirmación *malgré tout* de las cosas pequeñas, momentáneas, míseras, desconsideradas, insignificantes, groseras. No; no es casual que la primera obra poética importante de un español, la *Farsalia* de Lucano, cantara un vencido. Y aunque Cervantes es más que español, hay en su libro una atmósfera de trivialismo empedernido que nos hace pensar si el poeta se sirve de Don Quijote, del bueno y amoroso Don Quijote, que es un ardor y una llamarada infinita, como de un fondo refulgente sobre el cual se salve el grosero Sancho, el necio cura, el fanfarrón barbero, la puerca Maritornes y hasta el Caballero del Verde Gabán, que ni siquiera es groscro, ni sucio, ni pobre; que vive inmortalmente por haber poseído lo menos que cabe poseer: un gabán verde.

¿Cabe más trivialismo? Sí; aún cabe más. Recordad que Diego Velázquez de Silva, obligado a pintar reyes y papas y héroes, no pudo vencer la voluntad artística que la raza puso en sus venas, y va y pinta el aire, el hermano aire, que anda por dondequiera sin que nadie se fije en él, última y suprema insignificancia.

El Imparcial, 13 agosto 1911.

VIII

EL HOMBRE GOTICO

Con objeto de no alargar indefinidamente estas notas, dejo a un lado todas las cuestiones que sugiere este tipo de hombre amante acérrimo de las cosas sensibles, enemigo de todo lo trascendente a la materia, incluso de la razón que sirvió al griego de mediadora con el mundo. Baste indicar que ese por mí llamado hombre mediterráneo, y, especialmente, español, es el polo opuesto del artista abstractivo y geométrico. El término medio es el hombre clásico que busca la regularidad como éste; pero la busca en las cosas de la tierra, como aquél.

La historia del arte señala con plena claridad el momento en que esas dos corrientes elementales —el estilo geométrico, que viene con los dorios del Norte, y el estilo vitalista, de incontinente *simpatía* hacia lo real, que llega del Sur— se dan la batalla, y, sin vencidos ni vencedores, se funden en una divina tregua ejemplar, que es el clasicismo griego. Primero es el estilo de Mykene y el estilo de Dipylon quienes combaten; luego, el dórico y el jónico.

Sin embargo, aquella fusión es pasajera, como todo lo razonable, que suele durar poco. Tras de Grecia y de Roma vienen pueblos desde dentro de bosques incultos, tropeles humanos que conservan no domada su originalidad espiritual. Son los germanos que, según Worringer, constituyen la *conditio sine qua non* del arte gótico. No se piense, pues, cuando de goticismo hablemos, en los alemanes actuales. Recuérdese que aquellos germanos cayeron sobre los imperios mediterráneos y, haciendo que su sangre corriera por dentro de las venas grecolatinas, perviven en nosotros los españoles, franceses e italianos. Los germanos no poseían originariamente más arte que la ornamentación. «No hay en ésta —dice Haupt— representación alguna de lo natural, ni del hombre, ni del animal, ni de la planta. Todo se ha convertido en un adorno superficial, sin que intente jamás la imitación de cosa alguna presente ante los ojos.» En las épocas más antiguas no se distingue del estilo geométrico primitivo «que hemos llamado bien mostrenco» de todos los pueblos arios. Poco a poco, no obstante, se va desenvolviendo sobre la base de esta gramática lineal aria un peculiar idioma propiamente germánico. Este nuevo arte es la ornamentación de lazos. Lamprecht, el famoso autor de la *Historia de*

Alemania, lo describe así: «El carácter de esta ornamentación está determinado por la penetración y complicación de unos pocos motivos simplicísimos. Primero es sólo el punto, la línea, el lazo; luego, ya la ojiva, el círculo, la espiral, el zigzag y un adorno en forma de S. En verdad, no es un tesoro de motivos. Pero, ¡qué diversidad no se logra en su aplicación! Unas veces corren paralelamente, otras entre paréntesis, otras en enrejado, otras anudados, otras entretejidos en confusa complicación. Así resultan fantasías inextricables, cuyos enigmas hacen cavilar, que en su fluencia parecen evitarse y buscarse, cuyos elementos, dotados, por decirlo así, de sensibilidad, poseídos de un movimiento apasionadamente vital, sujetan la mirada y la atención.»

En este producto primero y rudo se levanta, con plena energía, la peculiaridad del alma gótica, que andando el tiempo va a poblar el mundo de enormes y sabios monumentos. El mérito principal del libro de Worringer consiste en la definición de esa voluntad gótica; copiemos:

«Se nos presenta aquí una fantasía lineal, cuyo carácter tenemos que analizar. Como en la ornamentación del hombre primitivo, en la germánica es portadora de la voluntad artística la línea geométrica abstracta, incapaz por sí misma de expresión orgánica. Pero al tiempo que inexpresiva, en sentido orgánico, muestra ahora la vivacidad extrema. Las palabras de Lamprecht señalan explícitamente en aquella maraña lineal una impresión de vida y movilidad apasionadas; una inquietud que va sin descanso buscando algo. Ahora bien: como la línea por sí misma carece de todo matiz orgánico, esa expresión de vida tiene que ser la expresión de algo diferente de la vida orgánica. Tratemos de comprender en su peculiaridad esa expresión superorgánica.

»Nos hallamos con que la ornamentación del Norte, a pesar de su carácter lineal abstracto, produce una impresión de vitalidad que nuestro sentimiento de la vida, ligado a la simpatía hacia lo real, suele hallar inmediatamente sólo en el mundo de lo orgánico. Parece, pues, que esta ornamentación es una síntesis de ambas tendencias artísticas. Sin embargo, más bien que síntesis, parece, por otra parte, un fenómeno híbrido. No se trata de una compenetración armónica de dos tendencias puestas, sino de una mezcla impura y en cierto modo enojosa de las mismas, que intenta aplicar a un mundo abstracto y extraño nuestra simpatía naturalmente inclinada al ritmo orgánico real. Nuestro sentimiento vital se arredra ante esa furia expresiva; mas cuando, al cabo, obedeciendo a la presión, deja fluir sus fuerzas por aquellas líneas en sí mismas muertas, siéntese arrebatado de una manera incomparable e inducido como a una borrachera de movimientos que deja muy lejos tras de sí todas las posibilidades del movimiento orgánico. La pasión de movimiento que existe en esta geometría vitalizada —preludio a la matemática vitalizada de la arquitectura gótica— violenta nuestro ánimo y le obliga a un esfuerzo antinatural. Una vez rotos los límites naturales de la movilidad orgánica, no hay detención posible: la línea se quiebra de nuevo, de nuevo es impedida en su tendencia a un movimiento natural: nueva violencia la aparta de una conclusión tranquila y le impone nuevas complicaciones; de suerte que, potenciada por todos estos obstáculos, rinde el máximum de fuerza expresiva hasta que, privada de todo posible aquietamiento normal, acaba en locas convulsiones, o termina súbitamente en el vacío, o vuelve sin sentido sobre sí misma. En suma: la línea del Norte no vive de una impresión que nosotros de grado le otorgamos, sino que parece tener una expresión propia más fuerte que nuestra vida.»

Worringer pone un ejemplo para fijar con perfecta claridad esa nota diferencial del gótico frente al arte clásico. Si tomamos un lápiz —dice— y dejamos a nuestra mano que trace líneas a su sabor, nuestro sentimiento íntimo acompaña involuntariamente los movimientos de los músculos manuales. Hallamos una cierta emoción de placer en ver cómo las líneas van naciendo de ese juego espontáneo de nuestra articulación. El movimiento que realizamos es fácil, grato, sin trabas, y, una vez comenzado, cada impulso se prolonga sin esfuerzo. En este caso percibimos en la línea la expresión de una belleza orgánica precisamente porque la dirección de la línea correspondía a nuestros sentimientos orgánicos, y cuando hallamos aquella línea en alguna otra figura o dibujo, experimentamos lo mismo que si la hubiésemos trazado nosotros. Pero si bajo el poder de un profundo movimiento afectivo tomamos el lápiz, presos de la ira o del entusiasmo, en lugar de dejar a la mano ir sobre el papel, según su espontaneidad, y trazar bellas líneas curvas orgánicamente temperadas, la obligamos a dibujar figuras rígidas, angulosas, interrumpidas, zigzagueantes. «No es, pues, nuestra articulación quien espontáneamente crea las líneas, sino nuestra enérgica voluntad de agresión quien imperiosamente prescribe a la mano el movimiento.» Cada impulso dado no llega a desarrollarse según su natural propensión, sino que es al punto corregido por otro y por otro indefinidamente. «De modo que al hacernos cargo de aquella línea excitada percibimos involuntariamente también el proceso de su origen y, en vez de experimentar un sentimiento de agrado, nos parece como si una voluntad imperiosa y extraña pasara sobre nosotros. Cada vez que la línea se quiebra, cada vez que cambia de dirección sentimos que las fuerzas, interceptada su natural corriente, se represan y que tras este momento de represión saltan en otra dirección con furia acrecida por el obstáculo. Y cuantas más sean las interrupciones, cuanto más numerosos los obstáculos que hallan en el camino, tanto más poderosas son las rompientes en cada recodo, tanto más furiosas las avalanchas en la nueva dirección; con otras palabras, tanto más potente y arrebatadora es la expresión de la línea.»

Ahora bien, como en el primer caso la línea expresaba la voluntad fisiológica de nuestra mano, en el segundo expresa una voluntad puramente espiritual, afectiva e ideológica a la vez, contradictoria de cuanto place a nuestro organismo. Amplíese este caso individual a estado de alma colectivo, a afectividad de todo un pueblo, y se tendrá la voluntad gótica y el carácter del estilo que la expresa. Worringer formula así aquélla: deseo de perderse en una movilidad potenciada antinaturalmente; una movilidad suprasensible y espiritual, merced a la cual nuestro ánimo se liberte del sentimiento de la sujeción a lo real; en suma, lo que luego, «en el ardiente *excelsior* de las catedrales góticas, ha de aparecernos como trascendentalismo petrificado».

De aquí se derivan todas las cualidades particulares de este arte patético y excesivo, que huye de la materia tanto cuanto el trivialismo español la busca.

Como en la plástica —ese arte naturalista-racional, clásico por excelencia— llega a su adecuada expresión la voluntad formal de los griegos, y en la pintura de Rafael, la del Renacimiento, la voluntad gótica vive eminentemente en la ornamentación y la arquitectura: dos medios abstractos, inorgánicos.

No podemos seguir a Worringer en su delicado análisis de las formas góticas elementales, comparadas con las clásicas. Requeriría mucho espacio, y harto es el ya empleado, si se tienen en cuenta las condiciones de un periódico diario. Y, sin embargo, nada tan sugestivo y plausible con las fórmulas que va encontrando Worringer al recorrer los diversos problemas de la historia del arte gótico: «desgeometrización de la línea, desmaterialización de la piedra». «La expresión del soportar, del llevar, propia a la columna clásica, la expresión de la dinamicidad y del movimiento propio al sistema de arcos y arbotantes.» Carácter multiplicativo del gótico, en oposición al carácter aditivo del edificio griego. «La repetición en el gótico y la simetría en el clásico.» «La melodía infinita de la línea gótica», etc.

Yo espero que algún editor facilite la lectura de este libro bellísimo a los aficionados españoles: ninguno mejor como manual e introducción a la «sublime historia medieval».

El Imparcial, 14 agosto 1911.

LA «GIOCONDA»

Marburgo, septiembre 1911.

Puso Dios en el mundo la belleza para que fuera robada. Después de todo, es el robo un acto de admiración hacia lo hurtado que anda más cerca del heroísmo que la civil y tranquila fruición al amparo de las leyes. Cuando el objeto bello es una mujer, la incitación al rapto se potencia porque también, en cierto modo, puso Dios en el mundo a la mujer para ser arrebatada. No digo yo que deba ser así, pero ¿qué le vamos a hacer si Dios lo ha arreglado de esta manera?

Mona Lisa, mujer incalculable y belleza sin par, estaba condenada, desde el comienzo de los tiempos, a ser un día sustraída de su legal poseedor. Entre las noticias que el robo del celebérrimo cuadro ha sacado a la publicidad en estos días hay una muy curiosa que prueba lo que digo. Hace año y medio se publicó en Copenhague una novela titulada *Mona Lisa,* cuyo autor se ocultaba bajo el seudónimo *Hoyer.* En esta novela se refería, con todos sus pelos y señales, el rapto del cuadro, los esfuerzos de M. Homolle, director del

Louvre, para encontrar su paradero, los comentarios de la prensa universal, todo, en fin, según ha acaecido. Y eran tales las coincidencias, que mucha gente en Copenhague llegó a creer que el autor del atentado era el autor del libro; mas nadie ha podido averiguar quién era *Hoyer,* reo, cuando menos, de un mal pensamiento.

Ello es que el vaticinio se ha cumplido y lo que estaba escrito se ha verificado. Ya ha desaparecido la egregia figura y quién sabe si no volverá a vérsela. Parece prolongar su poder misterioso el trágico destino que —para ser en todo maravilloso, heteróclito, inquietante este hombre— venía gravitando sobre las obras de Leonardo. Dicen que los dioses persiguen a quienes aspiran a realizar empresas demasiado levantadas: están más por lo mediocre y quieren mantener la especie humana en domesticidad.

Leonardo fue, empero, una enorme aspiración hacia lo imposible, y además de esto ofreció, mientras anduvo por la tierra, a la hostilidad de los poderes sobrenaturales un corazón circundado de desdén. Y los dioses, ya que no le rindieron vivo, procuran, luego de muerto, ir borrando sus huellas para que a su vista no renazcan en los hombres apetitos tan subversivos y heroicos.

Sabido es que sólo quedan siete obras pictóricas de Leonardo y aun de éstas sólo una llega a nosotros en buen estado: la pequeña *Anunciación* del Louvre, una obra de mocedad, donde el maestro puso lo mejor de la pintura cuatrocentista —descripción, vigor de colorido, ingenua jocundidad—; pero aún no contiene los nuevos valores, cuya conquista e invención habían de ocupar su existencia. El resto de la labor leonardesca lucha con una enemistad secular de los elementos y de los hombres y va muriendo, va feneciendo. La *Cena,* en el refectorio de Santa María delle Grazie, perdió muy pronto su integridad; tras la pared sobre que se halla guisaban los frailes su condumio y el calor de la cocina secó sus óleos, resquebrajó las superficies. Luego se quiso agrandar la puerta bajo la composición y desaparecieron los pies de Jesús y de dos apóstoles. Más tarde, el refectorio fue almacén de paja y lugar de necesidades, de modo que las sales de nitro se depositaron como un velo sobre todo la pintura y fueron tragándosela afanosas. Después pasó la estancia a ser hospedaje de soldados, que se entretuvieron en apedrear a los apóstoles. Aún más: en 1720 Belloti se encarga de repintarla y en 1770 Mazza vuelve a restaurarla. Los esfuerzos que recientemente se han hecho para salvarla no aseguran su perduración. Es fatal; la obra muere, periclita como un perla herida, y Gabriel d'Annunzio ha compuesto su epitafio en la *Ode per la morte d'un capolavoro.*

La otra gran composición de Leonardo, la *Batalla de Anghiari,* que pintó en un muro de la sala concejil en el Palazzo Vecchio, de Florencia, y que fue como un desafío genial con el mozo giganteo Miguel Angel, que salía al camino de la gloria frente al maestro ya viejo, resistió todavía menos. Leonardo, como es sabido, es el primero que entre los pintores puramente italianos emplea el óleo en lugar del fresco, la llamada *tempera forte,* siguiendo la norma de los holandeses; el fresco exige una rapidez muy precisa en la consumación de la pintura que resultaba inservible para los nuevos problemas complicados propuestos por Leonardo al arte. Pero el nuevo procedimiento exigía que se secaran a fuego los colores, y Leonardo encendió ante el muro una ingente hoguera. La parte inferior, donde el ardor de la llama era más fuerte, se fijó satisfactoriamente, mas en la parte superior los colores licuefactos por el calor blando comenzaron a chorrear. Poco después ya no existía nada y hoy sólo conocemos la copia que Rubens hizo del boceto, boceto que también ha desaparecido.

La Adoración de los magos, otro amplio proyecto, ahí está en los Uffizi apenas comenzado. La estatua ecuestre de Francisco Sforza no pasó nunca de modelo de barro, pero al decir de los contemporáneos era causa de maravilla y bien lo creemos de este admirable dibujante de caballos. La estatua desapareció y hemos de atenernos a dibujos conservados entre los manuscritos de Leonardo.

El *San Jerónimo,* un cuadro que anticipa un siglo de evolución pictórica, tampoco pudo ser concluido, *La Madona de las rocas* (Louvre) apenas se entrevé bajo la capa de repintados, y además, parece acusar la intervención de discípulos, como seguramente ocurre en la *Santa Ana con María en su regazo* y en el *San Juan.*

La famosísima *Leda* o, mejor dicho, las dos *Leda* que probablemente pintó, perdidas andan por el planeta, donde tanta cosa insignificante ostenta al sol su faz; y lo mismo su *Baco,* su *Venus,* su *Pomona* y los retratos de las queridas de Ludovico el Mozo... Es una devastación, un ensañamiento sin ejemplo contra la supervivencia de un artista.

Pero, en fin, bien que maltrecha, repintada, mordida de la luz, del aire, del frío, del fuego, del polvo, nos quedaba Mona Lisa, la dama florentina que incitó a Leonardo para que expresara su interpretación del eterno femenino. Los mozos de veinte años en cuyo pecho se querellaban la ambición y la voluptuosidad y la melancolía solían peregrinar ante el lienzo buscando un consejo, una resolución y una aventura interior. Ahora, ¿dónde buscar otra tan certera sagitaria? Porque esto era Mona Lisa: educaba como el centauro Kiron, disparando saetas, sólo que ella las dirigía contra el corazón del educando y lo dejaba herido, inquieto y descontento. Era Nuestra Señora del Descontento y corregía en nosotros aquel contentamiento que a fuerza de limitarnos logramos. Decía al erudito, al sabio, que es gris toda sabiduría y que entre las ensambladuras de los conceptos se escapa lo más precioso de la vida; decía al sensual indolente que las caricias más exquisitas son reservadas a los hombres más severos y enérgicos; decía al asceta que las líneas curvas y vibrátiles existen, quiera él o no; decía al ingeniero que en torno de él fluye un torrente de poesía y al poeta que el verso es un parásito de la acción, y al político demócrata le hablaba de las delicias del imperio, y al imperialista de la relatividad del poder. Era Mona Lisa una criatura satánica, hermana de la serpiente, que a su vez fue hermana de Eva; operaba en forma de tentación. Pero al enseñar a cada hombre lo absurdo de su limitación, al mostrarle que el universo es más comprensivo que su oficio, que su sistema, que su temperamento, que su pueblo, realizaba una influencia socializadora incitando a cada cual a desear ser el prójimo. El descontento es la emoción idealista, nos arroja de nuestro círculo de realidad —oficio, carácter, familia, nación, cultura, intereses— y nos lleva a buscar otra cosa que no tenemos, que no palpamos, pero que nos atrae: lo ideal.

Merced al idealismo los hombres viven fundidos en sociedad, es decir, buscándose el uno al otro, aspiran el uno a ser el otro, haciendo que cada prójimo sea un momento nuestro aguijón. Y ahora algún enemigo de la especie humana ha descolgado tranquilamente el cuadro, ha dejado en un rincón el marco y se ha ido llevándose bajo el brazo nuestra doctora en idealismo.

Leonardo no quiso nunca separarse de este retrato. Pero cuidado, no se trata de una aventura trivial: las mujeres se complacen imaginando tras de cada grande obra artística un cuento de amor, cuento de idilio o de pasión, de dulcedumbre o de dolor, donde ejercita una mujer el papel de musa. La musa es uno de los cien mitos en que la mujer ha colaborado para hacerse necesaria al hombre, Y como en nuestros días las mujeres ejercen una presión mayor que nunca sobre la sentimentalidad ambiente, han dado la nota de la psicología usual, y la crítica artística y literaria obedecen reconstruyendo el alma de pintores, músicos y poetas sobre el esqueleto de las relaciones femeninas. Sin embargo, nadie ignora que el significado originario de la palabra «musa» es ocio, y ocio en el sentido clásico quiere decir lo opuesto al trabajo útil; no es un no hacer, sino el trabajo inútil, el trabajo sin soldada ni material beneficio, el esfuerzo que dedicamos a lo irreal, a lo supremo. Yo tengo para mí que los grandes hombres han debido siempre mucho más a este ocio viril que a las musas de carne y hueso. En el caso de Leonardo no hay duda: la mujer concreta, esta mujer, aquella mujer, le fue por completo superflua; no amó jamás. Su bellísima fisonomía, un poco afeminada a pesar de la estatura prócer y de la fortaleza muscular —Vasari afirma que podía quebrar una herradura como si fuera de plomo— no le proporcionó buenas fortunas ni él anduvo en su caza. El bello sexo busca en el hombre ante todo una llamarada roja de pasiones y un ímpetu de voluntad; ambas cosas faltaban a Leonardo. Ni amó a las mujeres ni fue amado de ellas, destino común a los temperamentos especulativos que no descienden nunca de la contemplación para meterse en la batalla de la vida, que no salen nunca de sí mismos para fundirse con los demás. El lugar clásico de esto que digo se halla en las memorias de Rousseau, en aquella página donde refiere que una mujerzuela veneciana, hallándole reacio al amor, le dijo: *Zannetto, lascia le donne e studia la matematica.* Esto hizo Leonardo: estudió matemáticas, la ciencia directora del Renacimiento, la que ha hecho posible toda la historia moderna. Pues, ¿y Mona Lisa?

Lisa di Antonio María di Noldo Gherardini, oriunda de Nápoles, casó en 1495 con Francesco di Bartolomeo di Zanobi del Giocondo, nacido en 1460; era de entre los más distinguidos habitantes de Florencia; en 1499 fue uno de los doce *buonuomini,* en 1512 uno de los *priori.* En 1503 quiso que Leonardo, a la sazón de cincuenta y un años, llegado a lo más alto de su fama, hiciera el retrato de su mujer, y esto es todo y no hay más. Vasari lo refiere con la oportuna sencillez: *Presse Leonardo a fare, per Francesco del Giocondo, il ritratto di Mona Lisa sua moglie; e quattro anni penatovi, lo lasciò imperfetto; la quale opera oggi è apresso il re Francesco di Francia en Fontanableo*[1].

<hr/>

[1] [*Le vite de più celebri Pittori, Scultori e Architettori,* tercera parte, «Vida de Leonardo da Vinci».]

«Cuatro años se afanó en este retrato y lo dejó imperfecto.» Es decir, no lo dejó, ni lo entregó a quien lo había encargado. En 1506 se trasladó Leonardo a Milán nuevamente y lo llevó consigo; en 1516 marcha a Francia, viejo y claudicante, pero no se separa de la obra inconclusa. Tal vez no le abandonó nunca la esperanza de acabarla. Leonardo fue siempre meticuloso: trabajaba para la eternidad. Sin embargo, cuatro años de labor en un retrato, bien que al mismo tiempo se ocupara de la *Batalla de Anghiari,* son demasiada musa, demasiado ocio para que no necesiten explicación particular.

Para mí no ofrece duda esta explicación. Son los años de más fuerte crisis en la vida de Leonardo, es el momento en que su genio se encuentra frente a frente con otra genialidad que comenzaba su expansión, indomable, arrolladora, cruel como un elemento. Leonardo volvía de Milán, donde su *Cena* había iniciado una nueva edad pictórica; tornaba a su patria envuelto en una gloria refulgente, considerado como el más grande artista vivo. He aquí que encuentra en Florencia al mozo Miguel Angel. El maestro que encantaba la admiración contemporánea con la «dulzura y suavidad» de sus composiciones tropieza con el joven florentín, a quien poco después Italia entera había de llamar «el terrible». Miguel Angel, temperamento atrabiliario y viril, no puede admirar a Leonardo. Es todo fe, afirmación, creación, síntesis; Leonardo es especulación, dubitación, dialéctica, análisis. Con la rudeza que le es nativa, el Buonarroti hace saber al Vinci que le desprecia, y más de una vez, según refieren las anécdotas, a Leonardo se le coloreó de rubor el rostro, perdió la serenidad y no supo qué contestar a las impertinencias del triunfante mancebo. En estas condiciones comienza el retrato de la *Gioconda.* Ante Miguel Angel se repliega Leonardo hasta el último rincón de sí mismo y allí descubre todos sus poderes de feminidad; el retrato de Mona Lisa es la expresión de su última postura ante el mundo. O ¿es que hay quien crea que Mona Lisa ha existido realmente?

No, no os dejéis llevar de esa propensión contemporánea a resolver las grandes obras de arte en sus elementos reales. Cierto que el artista necesita de realidades para elaborar su quintaesencia, pero la obra de arte comienza justamente allí donde sus materiales acaban y vive en una dimensión inconmensurable con los elementos mismos de que se compone. En una sinfonía de Beethoven pone la realidad las tripas de cabra sobre el puente de los rubios violines, da la madera para los oboes, el metal para los clarines, el aire vibrátil para las ondas sonoras. Ahora bien: ¿qué tiene que ver todo esto con lo que esa música va vertiendo, como en una copa, dentro de nuestros corazones?

La dama de Florencia fue como un maniquí para Leonardo, como un pretexto, como una pauta. *Debbe il pittore* —dice él mismo en su *Tratado de Pintura*— *fare la sua figura sopra la regola d'un corpo naturale, il cuales comunemente, sia di proporzione laudabile*. La esposa del Giocondo sirvió de regla al artista; según Vasari era bellísima, pero tuvo el pintor que emplear un artificio para mantener sus nervios y sus músculos en tensión. Y fue que llevaba al taller músicos y bailarines y bufones que la hiciesen estar risueña.

Todo este material sin trascendencia —una mujer que interrumpe su aristocrático aburrimiento para sonreír al áspero chiste de un bufón— se halla potenciado en la obra de Leonardo hasta expresar lo que la obra de arte superior expresa siempre: la trágica condición de la existencia. Mirada la vida desde el punto de vista del hombre, la tragedia es combate, acción, dinamicidad; desde el punto de vista femenino, la tragedia es pasiva, renunciadora, inerte, quieta.

Los héroes de Miguel Angel son combatientes de enemigos invisibles y difusos; con sus músculos hinchados y sus tendones tensos contrarrestan los poderes del dolor que oprimen la humana existencia. Pero, a la vez, confían en el éxito. Al dejarlos pensamos que si al cabo de unas horas volviéramos, los hallaríamos reposando, limpiándose el sudor de los gigantes miembros victoriosos.

También hay un esfuerzo en la *Gioconda*: hay un esfuerzo en sus sienes, en sus cejas depiladas, en sus contraídos labios, como si levantara con ellos en peso su enorme gravamen de melancolía. Pero es tan leve el movimiento, tan reposada la apostura, tan inerte la expresión general, que el esfuerzo interno, más adivinado que explícito, parece encorvarse sobre sí mismo, volver a sí mismo, morderse la cola como una serpiente, desesperar de sí mismo, sonreír. La tragedia de Leonardo es insoluble, perenne, desesperada: sus figuras quieren algo, pero no saben bien lo que quieren y por ello no logran nunca nada. Es la tragedia del «diletantismo».

Los únicos versos que conservamos del Vinci pueden interpretarse como una recriminación a su propia naturaleza

Chi non può quel che vuol, quel che può voglia

comienza el soneto copiado por Lomazzo.

Leonardo, como nadie ignora, es el más típico representante de aquel universalismo del primer Renacimiento, que fue como una profética ampliación súbita de los horizontes humanos. Matemático y arquitecto, ingeniero y filósofo, citarista y jinete, hombre de trato ameno y delicadas aficiones, apareció a sus contemporáneos como una encarnación demoníaca, como algo más que humano. Leonardo pone toda la pasión que su pecho ahorraba en el trato con los hombres, en la investigación de la naturaleza.

¡Qué no ha anticipado este vidente en geología y en física, en mecánica, en astronomía, en el arte de la guerra, en la aerostación, en botánica, en fisiología! Tuvo pocos amigos; solía vivir retirado, en compañía de dos o tres discípulos, llevando cuidadosamente las cuentas de su economía. Frío para con sus congéneres, sentía un amor panteísta hacia todo lo animado; no comía carne alguna y se enojaba si veía a alguien maltratar a un ser vivo. Cuando pasaba por el mercado compraba los pájaros enjaulados y les daba libertad.

Todo lo intentó, todo lo quiso, lo que podía y lo que no podía. Y le quedaba un desencanto melancólico que luego inyectaba en los labios de sus figuras, como en la *Gioconda*. Y como la *Gioconda,* todos sus semblantes sonríen para no llorar, sonríen de hastío y descontento, sonríen para no acabar de morir. Porque una manera de muerte es para la *Gioconda* —el alma de Leonardo— vivir sólo como una parte del mundo y no poder abarcar el temblor inagotable de la vida universal.

La Prensa, Buenos Aires, 15 octubre 1911.

LA ESTETICA DE «EL ENANO GREGORIO EL BOTERO»*

I

El último número de *Kunst für Alle* —una importante revista alemana de arte— está dedicado a nuestro pintor Zuloaga, con motivo del triunfo que ha obtenido en la Exposición de Roma.

Aprovechando un viaje de Bolonia, hice meses ha una escapada de cinco días a Florencia para ver una vez siquiera en la vida al *pensoso duca* que esculpió Miguel Angel y saludar al paso con veneración la quinta medicea donde solía reunirse la Academia florentina. En el seno de esta Academia vino a renacer el platonismo, del cual emanaron la nueva física y la nueva moral. Si a esto se agrega que de Miguel Angel procede el nuevo arte, nos espantará la energía incalculable de aquel paisaje tan reducido en que prendió el germen integral de la vida moderna. Usando de una metáfora atrevida, al buscar Herder sobre el haz de la tierra el lugar donde surgieron

_____

* [Artículos publicados en *El Imparcial* los días 20, X, y 10, XI, 1911.]

los primeros hombres, se preguntaba: ¿Dónde está la vagina del mundo? Florencia es algo así, lugar de alumbramiento, fontana de ideas originales e infinitamente expansivas.

Pues bien; una mañana —bajo el cielo florentín, que es acaso el más azul y el más profundo de Europa—, entre que miraba correr la rápida fluencia del Arno gentil y aguardaba que abrieran los Uffici, compré el *Giornale d'Italia,* y allí, en la primera plana, vi un título de letras grandes que decía: «Il piú forte Zuloaga.» La victoria de nuestro pintor en el país clásico de la pintura me trajo a la memoria, no sé bien por qué, aquella otra gran fuerza que, oriunda del Levante ibérico, cayó un día sobre la gente italiana y la ató a sus destinos como cadáver de vencido a la cola del caballo vencedor. Los hombres de Florencia y Milán, de Urbino y de Roma, eran recios poderes altivos que se alzaban inconmovibles, fieros, duros, fríos como astas de bronce hincadas en tierra. Pero un día, César Borgia el Valentino llegó sobre ellas —un viento africano—, y los hombres de bronce se inclinaron a su paso, se doblaron, se encorvaron como espigas blandamente bajo el viento.

Con los cuadros de Zuloaga penetra en las exposiciones un *siroco,* y no nos extrañaría que los demás lienzos se secaran, se resquebrajaran y abarquillándose se desprendieran de sus marcos. La razón de esto es un tanto paradójica. Zuloaga es un pintor que no sólo tiene un sentido personalísimo, sino que tiene una manera. Manera es a estilo lo que manía a carácter. Zuloaga es amanerado, y porque lo es comenzó a aplaudírsele y encomiársele. Hoy, el europeo sólo tiene paladar para amaneramientos. Sin embargo, aplausos y encomios son fortunas que Zuloaga comparte con muchos otros pintores, con muchas otras maneras de artistas. Lo específico de Zuloaga está en que es el *piú forte,* en que se impone con la sencillez de lo evidente, en que arrebata, y no sólo place, en que aplasta las maneras de los demás, en que, estoy por decir, se aplasta a sí mismo: el Zuloaga amanerado sucumbe ante lo que hay en Zuloaga de *piú forte,* y el espectador se aleja de sus pinturas pensando en el tema de estas más que en el pintar del pintor. Hasta el punto es esto así, que muchas gentes reciben ante sus cuadros una impresión tan grande como lo es el despego que hacia su pintura sienten.

El número de *Kunst für Alle* reproduce algunas composiciones de Zuloaga, y trae, como texto, un artículo de Camille Mauclair sobre el conjunto de su obra. Mauclair alaba sin limitación a nuestro pintor, tal vez demasiado, pues no queda nunca claro el genio de un artista si al ensayar su descripción no se hace destacar la silueta de sus virtudes sobre el fondo de sus defectos. Insiste el crítico, con sumo acierto, en la independencia del arte de Zuloaga con respecto a las corrientes actuales de la pintura. En la edad del impresionismo, pinta Zuloaga como un clásico; en la edad del colorismo, Zuloaga dibuja; en la edad del realismo, Zuloaga inventa sus cuadros. Por otro lado, es Zuloaga realista, colorista, impresionista. Además, recoge la tradición de los clásicos nuestros: Greco, Velázquez, Goya. Y en cuanto recoge la tradición clásica, es más bien romántico.

No me atrevo a poner peros a Mauclair, que tanto sabe de arte. Pero, francamente, si todo eso es así, como lo es en verdad, Mauclair debió sacar la consecuencia que no saca, a saber: la pintura de Zuloaga, como tal pintura, carece de unidad, es ecléctica. Métodos, tradiciones, intenciones en parte antagónicos coexisten en esos cuadros, sin que por sí mismos puedan llegar a unidad. O mejor dicho: la unidad de la pintura de Zuloaga es una presión violenta a que la voluntad del artista somete los elementos y tendencias disparejos. Esta unidad externa, que no nace espontáneamente de los elementos mismos, de las tendencias mismas, es lo que llamamos manera. Manera es manía; manía es lo injustificado; lo injustificado es el capricho. Manera es, pues, capricho. Arte, empero, sensibilidad para lo necesario.

Ahora bien, por ciertos cuadros de Zuloaga pasa

resoplando fieramente un viento irresistible, aterrador, bárbaro; un aliento caldeado, que parece llegar de inhóspitos desiertos, o frígido, como si descendiera de ventisqueros. De todos modos, una corriente de algo, de algo tan vigoroso, tan sustancial, tan evidente y necesario que, oprimiendo lo pintado en el lienzo, lo asienta, lo aprieta sobre sí mismo, le da peso existencial, solidez, necesidad. Diríase de algunos cuadros de Zuloaga que son como desfiladeros por donde irrumpe procelosamente un dinamismo superior a ellos e independiente de ellos.

Conviene insistir en esta dualidad del arte zuloaguesco, porque pocas veces aparece tan claro el efecto decisivo que en la creación estética produce aquel elemento de ella que no es técnica. Pocas veces resulta tan patente que la técnica es un *a posteriori* respecto al tema ideal que el artista percibe.

Cuando Zuloaga pinta una escena más o menos del gusto de París, pongamos por caso *Le vieux marcheur* —el viejo verde que es atraído, como una hoja quebradiza de otoño, por la ráfaga erótica de dos mozas andantes—, no podemos llegar al entusiasmo. Nos hallamos con una anécdota más allá de la cual hay lugar para infinitas anécdotas; además, esa anécdota no nos es referida de una manera simple, sobria y espontánea. El pintor pretende que nos detengamos en ella, convierte cada línea y cada mancha de color en una gesticulación, se afana demasiado en convencernos, insiste con exceso en los detalles y acaba por hacer cabriolas sobre el mísero tema anecdótico, que, exento de fortaleza, se viene abajo con toda la saltimbanquía de líneas y contrastes sobre él amontonada. Este no es nuestro Zuloaga: es un juglar que, tal vez muy diestro y ágil, nos entretiene con una fantasmagoría.

En cambio, Zuloaga ha pintado al enano Gregorio el Botero. Una figura deforme de horrible faz, ancha, chata y bisoja, calzados los pies de alpargatas y las piernas de calzones que medio se le derriban, en mangas de camisa, abierta ésta por el pecho, que avanza con enormes músculos de antropoide. Sobre el suelo se alzan, y apoyados en su hombro se mantienen en pie, dos henchidos pellejos que conservan las formas orgánicas del animal que en ellos habitó y afirman un no remoto parentesco con el hombre monstruoso que los abraza como a dos semejantes. Y este grupo de vida orgánica destaca sobre un paisaje de tierra desolada, sin árboles, rugosa, dura y frígida. A mano derecha rampan por un collado los cubos de unas murallas rudísimas de una ciudad apenas sugerida —sugerida lo bastante para que se sepa que es una ciudad bárbara y torva y enérgica, cuyos pobladores son crueles unos para con otros y cada cual es enemigo de sí mismo y nadie sabe qué es admirar ni qué es amor. Encima un cielo que es una guerra rauda entre un ventarrón y unas nubes, las cuales, en sus desgajes y culebreos dan cuerpo a las líneas de embestida del viento.

¿Y cómo está esto pintado? La pintura contemporánea, realizando un teorema de Leonardo, aspira a resolver cada cosa en las demás. Una mano, *verbi gratia,* es para el impresionista un lugar donde se reflejan las cosas en derredor existentes: pintar una mano es, pues, pintar las demás cosas en esa mano, y así sucesivamente. En realidad, el impresionismo es la aplicación a la pintura del principio físico de Newton. Cada cosa es el lugar de cita para las demás. Pues bien; Zuloaga comienza por separar lo que en el cuadro hay de orgánico y lo que es inorgánico —tierra, cielo, construcciones—. El enano y los odres están pintados semi-impresionistamente, como los hubiera pintado Greco o Velázquez o Goya. En qué consista este semi-impresionismo no puede decirse con cuatro palabras; aun con muchas, sería fácil dar de él una fórmula equivocada. Sólo provisionalmente me atrevería a decir: el impresionismo de los clásicos nuestros es un impresionismo limitado por un medio neutro. El *plein air* del contemporáneo hace ilimitada la impresión: el aire libre es la negación del medio, porque no reacciona sobre las cosas, sino que las deja en su salvaje independencia, en su inagotable reflejarse mutuamente.

De esta manera logra Zuloaga una densa y bien definida materialidad con que llenar sus figuras, una materia sólida y real que con su peso bruto contrarresta el dibujo. ¡El dibujo de Zuloaga! ¿Cómo traducir en palabras su voluntariosa condición, su genio travieso, liberal a la vez que positivo y constructor?

El dibujo de Zuloaga es un lírico instrumento que vive en guerra con la materia. La materia es la inercia que, imponiéndose a las cosas, las hace triviales. Porque hay en cada cosa una aspiración a ser más que materia, a ser lo que los físicos llaman fuerza viva; pero una aspiración que suele ser vencida por la materia. Y esto es lo que llamamos la realidad de las cosas: las pobres cosas que humilladas, derrotadas, vencidas por la presión pavorosa de la inercia, se recogen en sí mismas. El dibujo de Zuloaga es pura fuerza viva: un caballero de quijotesca sensibilidad que acude allí donde las cosas padecen mayor violencia de los poderes inertes, desfacedor de los entuertos que la materia origina, y sobre todo del más grave: la trivialidad, la inexpresión. Este lírico esfuerzo del dibujo consiste en desarticular las formas triviales, las formas materializadas, y con un leve toque, articularlas según el Espíritu. De este modo quedan las formas, por decirlo así, cargadas de electricidad, dotadas de emoción, y de emoción de vital dinamismo.

Pero nótese bien: si las cosas no fueran triviales, si no fueran materia, ¿qué haría ese dibujo? Como la virtud necesita de los vicios y de ellos se alimenta, el dibujo de Zuloaga necesita sumirse donde las cosas se ahogan en materialidad, en vulgaridad, para, salvándolas de ellas, cumplir su destino. Donde aquéllas faltan, el lirismo del dibujo degenera en capricho.

En resumen: el enano Gregorio y su par de odres familiares, bien que dignificados por el dibujo, están delante de nosotros como cosas suficientemente reales que oprimen el suelo —última característica de lo existente, según advertían las almas ingrávidas de los condenados viendo a Dante caminar.

Por el contrario, el paisaje en torno...

II

Por el contrario, el paisaje en torno no sólo no está pintado realísticamente, sino que apenas está pintado. Aquí, donde lo que se representa son cosas mucho más materiales, casi puramente inertes; donde los objetos no son seres vivos, o, como los árboles, son los intermediarios entre la materia inorgánica y el animal, aquí el dibujo de Zuloaga asume toda la responsabilidad y toda la creación. Los paisajes de Zuloaga se acercan cada vez más al puro dibujo. Lo material, lo inerte de la tierra, de las piedras, de las casas, de las viejas iglesias, de los murallones es suprimido. La luz que los envuelve es un ritmo convencional, dentro del que van y vienen las cosas. Mal dicho, no las cosas: los ímpetus de las cosas.

Esta tierra de sol, sobre que recorta su bárbara silueta el enano odrero, no es la bestia enorme que nuestros ojos desespiritualizados nos presentan eternamente muerta, inmensamente inerte. Los declives, los hondones, los altozanos, la suave línea ondulada, la pronta elevación, el anfractuoso modelado que a la vista nos ofrece, se han convertido dentro del lienzo en un drama. La tierra se disocia en las tierras, actores de este drama: y todo ese relieve estático despierta súbitamente a una prodigiosa existencia dinámica. Ya no es sólo un objeto dotado de esta o de la otra forma: es sujeto, realidad semoviente, fuerza viva, ímpetu que lleva una intención, un carácter y su forma es su voluntad. Las tierras chocan unas con otras, ascienden y se encrespan, se atropellan, se rinden, despéñanse unas, giran bruscamente sobre sí otras, caminan, ganan el espacio, se serenan, ondulan, vuelven a irritarse, a aspirar, a erguirse y precipitarse como si una inquietud latente azotara sus almas khthónicas.

La pincelada de Zuloaga muestra aquí en todo su vigor una cualidad que le es peculiar. Ancha y prolongada, goza cada una de cierta independencia: porque sobre el color y la tonalidad, cada pincelada posee una dirección; es como la nuda expresión de una fuerza, es como un músculo. Así se comprende que casas, castillos, torres, bardas, montes, labrantíos, adquieran en sus cuadros animalidad, reviviscencia y movimiento.

Yo no sé si esta interpretación dinámica del paisaje fue traída al arte europeo por la tradición japonesa. Me importa ahora solamente recordar lo que más arriba dije: que Zuloaga pinta según un arte las figuras, y según otro los paisajes. En aquellas acentúa la animalidad y la materia; en éstos insiste sobre lo que tienen de espíritu, de energía, de vitalidad belicosa. Ahora bien: sobre un paisaje irrealizado —ésta es acaso la palabra justa— las figuras tienen forzosamente que arrastrar una existencia grotesca. ¿Cómo es posible que pesen sobre la tierra, si la tierra aquí no es tierra? ¿Cómo es posible que respiren, si el aire aquí no es aire? Fondo y figura se escupen mutuamente, son incompatibles y se empujan uno a otro fuera del cuadro. Estamos en el reino del capricho y, por tanto, lejos del reino del Arte.

Arte es sensibilidad para lo necesario. Al decir esto aspiro a coincidir con lo que más de una vez he oído a un grande artista de nuestra tierra que, como grande artista, posee una genial intuición de la esencia del arte. Me refiero a Valle-Inclán, cuando dice: «El Arte es el arte de lo eterno, de lo que no tiene edad.» Eterno, claro está, no quiere decir lo que dura siempre, porque entonces habríamos de aguardar al fin de los tiempos para comenzar a hacer arte. Ni lo que ha durado hasta la fecha, porque han durado muchas cosas que mañana o pasado perecerán. No; el síntoma de lo eterno es lo necesario. Esto piensa, creo yo, Valle-Inclán. Se trata de que el arte verdadero tiene que expresar una verdad estética, algo que no es una ocurrencia, que no es una anécdota, que es un tema necesario. Mas dejemos esta cuestión, excesivamente abstracta y peligrosa para ser aquí discutida. Notemos sólo que en este cuadro de Zuloaga la unidad y la solidez en él resplandecientes proceden no de su técnica, que es contradictoria, sino del tema latente bajo la pintura.

De su tema saca Zuloaga esa característica fortaleza de algunos de sus cuadros, y el trabucazo que nos pegan en medio del pecho al confrontarnos con ellos es la súbita explosión de nuestro ánimo, volatilizado al contacto con una realidad trágica.

El enano Gregorio el Botero sería una curiosidad antropológica, un fenómeno de feria si su fisonomía concreta, individual, de humano bicharraco no fuera enriquecida y explicada por la idea general, por la síntesis derramada en el crudo paisaje que le rodea. Gregorio el Botero es un símbolo; si se quiere, un mito español. Y en esto consiste la fuerza de Zuloaga: en ser un creador de mitos. Veamos cómo.

Sabido es que Zuloaga se ha declarado enemigo de la doctrina europeizadora que en formas y tonos diferentes defendemos algunos. Por tanto, es Zuloaga nuestro enemigo. Mas ahora no se trata de discutir doctrinas. Ante la obra de arte, las discrepancias teóricas sobre historia y política deben enmudecer. Sin embargo, la doctrina europeísta ha tenido, aparte su acierto o su error, una utilidad indiscutible: la de que se ponga en su fórmula extrema el problema de España. Unos y otros convienen en lo siguiente: es la española una raza que se ha negado a realizar en sí misma aquella serie de transformaciones sociales, morales e intelectuales que llamamos Edad Moderna. La civilización ha avanzado, ha construido nuevas formas de vida, ha impuesto nuevas condiciones a la existencia, demanda nuevas virtudes y repele como vicios y flaquezas y miserias algunas que antaño lo fueron. Los pueblos que se han sometido a este cambio del medio histórico han renunciado a perseverar en su ser, han aceptado las reformas de su carácter y han comprado el bienestar, el poderío, la moralidad y el saber, a cambio de esa renuncia. Como Fausto, han vendido su alma o porciones de ella para mejorar su fortuna.

Nuestro pueblo, por el contrario, ha resistido: la historia moderna de España se reduce, probablemente, a la historia de su resistencia a la cultura moderna. China o Marruecos han resistido también, se dirá. Pero la cultura moderna es genuinamente la cultura europea, y España la única raza europea que ha resistido a Europa. Este es su gesto, su genialidad, su condición, su sino. ¡Un ansia indomable de permanecer, de no cambiar, de perpetuarse en idéntica sustancia! Durante siglos sólo nuestro pueblo no ha querido ser otro de lo que es; no ha deseado ser como otro.

Cualquiera que sea el juicio que este hecho nos merezca, esa lucha de una raza contra el destino tiene grandeza y crueldad tales, que constituye un tema trágico, un tema eterno y necesario. Porque la cultura, que es un eterno cambio progresivo, es, a la vez, una eterna destrucción de los pueblos mismos que la crean. Y la terribilidad del caso se hace más patente allí donde un pueblo se niega a consentir la amputación de su carácter y centra todas sus energías, antes ocupadas con producir cultura, en el puro instinto de conservación contra la cultura misma, contra el nuevo orden férreo y fatal. Como toda tragedia, reclama esta una fórmula paradoxal que puede sonar así: una raza que muere por instinto de conservación.

Pero con decir esto no hemos hecho sino aproximarnos conceptualmente al tema, y los conceptos son siempre una mediación entre las cosas y nosotros. Es preciso que lleguemos a una conciencia más profunda, a una conciencia inmediata del tema español. Es esta la conciencia sentimental, la sensibilidad. Zuloaga es tan grande artista porque ha tenido el arte de sensibilizar el trágico tema español.

Ahora resultará claro por qué el arte anecdótico no es Arte. Un cuadro anecdótico nos presenta un trozo de realidad tan ameno, tan curioso, que nos entretenemos en él. Y somos retenidos por las divertidas existencias aprisionadas en el lienzo. Un cuadro verdadero se sirve de lo que en él está expreso como de un plano inclinado para hacernos resbalar y lanzarnos vertiginosamente a un trasmundo donde los dolores duelen más y alegran más las alegrías, y todo tiene una vida potenciada, densísima e incalculable: un lugar de maravilla donde todo se comprueba, donde cada cosa es un símbolo. Y ¿qué es un símbolo sino aquel poder supremo que infundiéndose en una cosa hace que en ella vivan las demás, o al menos una gran parte?

La simplicidad bestial de este enano nos hace resbalar, en busca de explicación, sobre el paisaje circundante: en este a su vez hallamos un inquietador comentario de aquel y volvemos a resbalar hacia la figura, que de nuevo nos repele sobre la tierra en que nació, la cual, vitalizada, nos parece el hombre mismo, y acabamos por comprender que el cuadro se halla fuera de ambos, en su relación, en su unidad, en lo que no está pintado, en una infinidad de hombres diferentes que habitan tierras diferentes, pero que se integran y coinciden en este destino terriblemente sencillo: morir sobre su tierra por aspirar a conservarse idénticos.

¡Divino enano mortal, bárbaro animálculo que aún no llegas a ser un ser humano y lo eres bastante para que echemos de menos lo que te falta! Tú representas la pervivencia de un pueblo más allá de la cultura; tú representas la voluntad de incultura. ¿Y qué hay más allá de la cultura? La naturaleza, lo espontáneo, las fuerzas elementales. Por eso, cuando el pintor ha querido enaltecer una raza cuyas virtudes específicas son la energía elemental, el ímpetu precivilizado, ha seguido la tradición viejísima del arte, que representa lo que en el hombre hay de naturaleza irreductible y de elemento, en el hombre capriforme, en el sátiro, y ha buscado tu deforme prestancia, enano sublime, sátiro español, y te ha dado como atributos dos pellejos berrendos. Ser hombre es un perenne superarse a sí mismo. Tú, sátiro botero, eres el hombre que hace alto en el camino de perfección, hinca los pies en tierra y decide perdurar desafiando la incontrastable mudanza. La tierra en torno, tu madre, sacude como tú el cultivo, y se vuelve áspera y cruda y cabría, como tú, haz de músculos bravos. Erial en derredor quedó el campo, y la ciudad decadente desborda su putrefacción y su ruina sobre las murallas ruinosas. Pero tú te alzas sobre la desolación que amas, sobre la tierra tonsurada, reseca, pedregosa, bajo el ciclo duro, bruñido, reverberante como una piedra preciosa; te alzas membrudo, y tu cuello de novillo aguanta sereno el yugo de la fatalidad.

En la villa te aguardan hombres que levantan al sol los sarmientos ociosos de sus brazos, y tú, duende familiar, espíritu de la raza, les llevas tus odres henchidos de sangre de nuestro suelo, la cual es un fuego que enciende las pasiones, pone los odios crespos y consume los nacientes pensamientos.

Ve, ve a la villa, poder inmarcesible: cumple tu fiel y trágica misión. Pero cuida no revienten tus odres y las rúas se encharquen con sangre de España.

Mucho más podría decir de este cuadro quien supiera más de pintura. Mas yo no soy crítico de arte, y aquí da fin la estética de «El enano Gregorio el Botero».

UNA VISITA A ZULOAGA*

Volviendo de Alemania potente hacia España, lugar de pasiones omnímodas, he hecho el alto acostumbrado en Francia, la bien labrada. Y de Francia en París, un nudo de luz. Y he tenido un momento de lealtad conmigo mismo, y me he preguntado: ¿qué iría yo a ver en medio de esta pródiga luminosidad? París es todo luz. ¿No es esto fatal? Porque yo quisiera ver algo, llevarme al hondón de España una poderosa intuición. Pero no habiendo sino luz en París, no hay nada que ver.

Yo camino, hace años, Europa, como en tiempos remotos mi antepasado Ibn Batuta, que salió de Andalucía con su bastón de viandante y fue por el mundo en busca de los santos de la tierra. Pero un malhadado destino me ha hecho nacer en sazón que Europa se halla horra de santos y llevo a la rastra por las rúas y las calzadas mi bisaco henchido de capacidad de adoración que no he logrado gastar. En París tampoco hay santos *pour le moment*. Al atravesar en un «taxi-auto» la

* [Artículo publicado en el diario *La prensa* de Buenos Aires, el 4 de febrero de 1912. Se reproduce por primera vez.]

gran ciudad, me ha parecido que atravesaba la mediocridad áurea de que hablaba Horacio.

París se ha convertido en una leyenda desteñida: bajo ella —¿quién lo duda— prepara la sangre francesa nuevos fermentos, cuyas emanaciones volverán un día a operar sobre la costra del globo. Pero, entretanto, nosotros necesitamos afirmaciones ascendentes.

Y algo así he ido a encontrar —¿quién lo diría?— en casa de un español que habita en París seis meses del año. Este español es Zuloaga.

Los argentinos han podido conocerle por las obras que envió el año pasado. Esto me da cierta libertad para hablar. Pues de cuadros no vistos, ¿qué se puede decir? Ningún ejercicio tan melancólico como el de pretender, con palabras, con los vagos, difusos cuerpos de las palabras, describir un cuadro. La palabra reina en el mundo de lo fluyente y movedizo: aprisiona las ideas, veloces amazonas que cruzan galopando el plano de la mente, da caza a la fauna fugitiva de los sentimientos que van y vienen por los meandros del corazón, pero se declara inhábil, por completo, para expresar la inmensa quietud concreta de esta pincelada de color sobre este lienzo nítido. Si los cuadros se movieran interiormente sólo habría poesía y música, pero el cuadro está ahí, de un golpe, todo él: un microcosmos.

Zuloaga ha conseguido, en Roma, un gran triunfo: complicaciones políticas de mayor y menor cuantía, han impedido que su triunfo alcanzara la oportuna sanción oficial. Pero los periódicos romanos aparecieron con títulos por el estilo de éste: *Il piú forte Zuloaga*. Y los visitantes de la exposición recibieron en su sala las máximas impresiones.

París se le ha rendido. No hace mucho escribía Jorge Brandes, el célebre crítico de Dinamarca, en la *Frankfurter Zeitung:* «Un salón parisiense de hoy, que quiere dar la nota de extrema selección, tiene que agenciarse la presencia de Zuloaga o de Rodin.»

Para quien como yo lleva años moviendo guerra tenaz

a los valores españoles mal fundados, en pro de otras nuevas acuñaciones más exactas, más firmes y exigentes, es de gran satisfacción hallar, de vez en cuando, una figura sólida, un nombre íntegro donde reposar y fruir de una tregua. Por esto he subido animoso los innumerables escalones de una casa de la calle Caulaincourt, en cuyo último piso tiene su estudio Zuloaga.

Es un aposento modestísimo, desmantelado, y yo diría que en medio del lujo de París parecen afirmar aquellas cuatro paredes el derecho a la desolación y a la rudeza que se alza en el fondo de todos los cuadros zuloaguescos. Unicamente pendía, en uno de los muros, una pintura: la *Apocalipsis,* del Greco, o mejor dicho, la parte inferior de esta composición que en una de sus correrías por el interior del cuerpo castellano, logró descubrir Zuloaga. Este cuadro, según se desprende del inventario de los bienes del Greco, recientemente descubierto por el señor San Román, debió ser uno de los últimos que pintó Doménico Theotocopuli, y es como una postrera visión de la materia por un espíritu que va a consumirse, quemado por sus propios ardores. En primer término, a la izquierda, la enorme figura de San Juan, el viejo virgen con las manos en alto, en ademán equívoco de espanto y evocación. Y tras él, bajo una gran batalla que riñen en lo alto las nubes, cuerpos desnudos y flameantes, que aspiran a volatilizarse y sumirse en aquel drama aéreo y semiespiritual de los cielos. Y nada más. ¿Es necesario más? La *Apocalipsis* pudiera muy bien ser uno de los mejores cuadros del mundo, porque ante él sentimos, con pavorosa inmediatez, el tema más sencillo y más profundo de la pintura: un poco de materia puesta a arder[1].

Es verdaderamente satisfactorio ver aparecer en este tosco ambiente la fisonomía robusta, casi gigantea, del artista. Zuloaga es un magnífico ejemplar de la raza

---

[1] [Este párrafo fue luego incluido por Ortega en su ensayo «Muerte, resurrección», *El espectador,* II.]

vasca. Procede de una vieja familia eibarresa que de padres a hijos, en secular continuidad, viene educándose para el arte. Su abuelo y su padre fueron exquisitos artífices en damasquinados; su tío Daniel, que aún vive, es uno de los mejores ceramistas que conozco. Ignacio, nuestro pintor, significa la expansión triunfal ante el público de ambos mundos, de una tradición larga y solícitamente preparada en un rincón oscuro de la tierra española.

No es ocioso, ni mucho menos, hacer constar esta genealogía, porque, lo que hay de prepotente, de sustantivo en la obra de Zuloaga, es, precisamente, lo que, al través de su manera individual, le llega de aquella tradición. Y como es paradójico afirmar que lo que hay verdaderamente valioso en un artista de tan original y díscola apariencia, consiste más bien en lo que le llega de una tradición familiar, más aún, de una tradición de artistas populares, relativamente anónimos e impersonales, merece que nos detengamos un poco en ello[2].

A mi manera de ver, debe Zuloaga su triunfo a que es acaso el único pintor vivo cuyo tema no ha sido inventado por él. Me explicaré. Hace muchos años que los pintores no pintan cuadros. Andan entretenidos en resolver problemas técnicos que son, sin duda, de enorme importancia, para aumentar las facultades del arte. Mas esto trae consigo la renuncia a la cuarta dimensión, que necesita toda obra de arte para serlo plenamente. Y esta cuarta dimensión es la sensibilidad para los temas esenciales humanos.

Precisamente porque el arte es técnica y es habilidad, necesita el arte ser algo más. Cuando se dice de algo que es un instrumento, se indica que aislado y por sí mismo, carece de valor: es menester que el instrumento justifique su existencia, realizando la función para que fue forjado.

---

2 [Entre este párrafo y el siguiente, Ortega intercaló los párrafos cuarto, noveno y décimo del ensayo precedente. E igualmente reproduce algunas frases del mismo ensayo, en los párrafos siguientes.]

Del mismo modo, el arte es el arte de dotar a las almas de una sensibilidad potenciada. Ahora bien, la mayor o menor sensibilidad consiste simplemente en que percibamos o no ciertas realidades fugitivas, profundamente simbólicas, que están en el fondo de las realidades groseras y patentes, como los delicados secretos del instinto en los corazones deslumbrantes de las vírgenes.

Al dotarnos el arte de esa superior sensibilidad no hace sino ponernos en intimidad perfecta e inmediata con los misterios elementales de la condición humana, con los problemas cardinales del cosmos. Así decía, con grata exageración, el poeta italiano Pascoli, que el fin único de la poesía es hacernos sentir inmediatamente el movimiento y la vitalidad de las estrellas en el cuerpo infinito del cosmos, es dotarnos de una conciencia cósmica.

Pues bien, yo creo que hay como categorías estéticas, como problemas fundamentales en la tragedia humana, que están ahí en parte desde el principio de los tiempos y que sólo de diez en diez siglos son aumentadas mediante una nueva y abismática intuición. Esto ocurre al menos en la evolución de la ciencia y de la moral; no hay razón para que no ocurra lo propio en el arte.

Se habla de originalidad a menudo y se entiende por tal yo no sé qué ingenua pretensión existente en algunos hombres de inventar algo completamente nuevo. Nada hay nuevo, nada hay viejo si no es sólo de nombre: el puente más viejo de París es el *Pont Neuf*. Hay, sí, unas realidades esenciales y perennes, sentidas desde los comienzos de la cultura, y en torno a ellas una variación incesante de semi-realidades ingrávidas e insignificantes, las cuales ni son nuevas ni son viejas, porque son simplemente momentáneas. Hombre verdaderamente original es quien, al través de esas reverberaciones superficiales, mete bien hondo la mirada y la mano en aquellos problemas cordiales, eternos, y los saca un momento a las miradas de las gentes.

El arte popular, aunque es menos eficaz y enérgico que el arte reflexivo, se mantiene en cambio menos apartado de esos temas de subsuelo que constituyen las fuerzas últimas y trascendentes del arte. Y es muy curioso cómo en los cuadros de Zuloaga, por debajo de su individual personalidad amanerada, se yergue una personalidad anónima de artista español, criado en los entresijos de la raza, que pervive en contacto con la tragedia elemental de nuestra vida.

Zuloaga contrarresta los seis meses de existencia en París con otros seis meses que habita en Segovia. En comandita con su tío Daniel ha comprado una viejísima iglesia románica, adusta y fornida, encaramada en una colina. Y allí tiene su estudio de creación. Y allí se sume periódicamente en el limo original de su pueblo y allí percibe el sordo rugir de los dolores estéticos que retuercen el corazón profundo de la tierra.

El triunfo de Zuloaga se debe a haber traído, a la fuerza definitoria de artista reflexivo y personal, este su fondo familiar de artista popular y anónimo, que vive inserto en la vida inconsciente de un pueblo, como una encina perdurable en la ancha vitalidad de un paisaje castellano.

Por ciertos cuadros de Zuloaga pasa resoplando fieramente un viento irresistible, arrebatador, bárbaro; un aliento agrio que parece llegar de los cálidos pulmones de una fiera; una corriente de algo, de algo tan vigoroso, tan sustancial y necesario que oprimiendo lo pintado en el lienzo, lo asienta, lo aprieta sobre sí mismo, le da peso existencial, solidez, necesidad. Diríase de algunas de sus pinturas que son como desfiladeros por donde irrumpe procelosamente un dinamismo superior a ellos e independiente de ellos.

Zuloaga nos presenta un tema eterno de la historia expresado con gestos españoles.

Yo he intentado precisar este tema del modo siguiente:

Es la española una raza que se ha negado a realizar en sí misma aquella serie de transformaciones sociales, morales e intelectuales que llamamos Edad Moderna. La civilización ha avanzado, ha construido nuevas formas de vida, ha impuesto nuevas condiciones a la existencia, demanda nuevas virtudes y repele como vicios y flaquezas y miserias algunas que antaño lo fueron. Los pueblos que se han sometido a este cambio del medio histórico han renunciado a perseverar en su ser, han aceptado las reformas de su carácter y han comprado el bienestar, el poderío, la moralidad y el saber, a cambio de esa renuncia. Como Fausto, han vendido su alma o porciones de ella para mejorar de fortuna.

Nuestro pueblo, por el contrario, ha resistido: la historia moderna de España se reduce probablemente a la historia de su resistencia a la cultura moderna. China o Marruecos han resistido también, se dirá. Pero la cultura moderna es genuinamente la cultura europea, y España la única raza europea que ha resistido a Europa. Este es su gesto, su genialidad, su condición, su sino. ¡Un ansia indomable de permanecer, de no cambiar, de perpetuarse en idéntica sustancia! Durante siglos sólo nuestro pueblo no ha querido ser otro de lo que es; no ha deseado ser como otro.

Cualquiera que sea el juicio que este hecho nos merezca, esa lucha de una raza contra el destino tiene grandeza y crueldad tales, que constituye un tema trágico, un tema eterno y necesario. Porque la cultura, que es un eterno cambio progresivo, es a la vez una eterna destrucción de los pueblos mismos que la crean, y la terribilidad del caso se hace más patente allí donde un pueblo se niega a consentir la amputación de su carácter y centra todas sus energías, antes ocupadas con producir cultura, en el puro instinto de conservación contra la cultura misma, contra el nuevo orden férreo y fatal. Como toda tragedia, reclama ésta una forma paradojal que puede sonar así: una raza que padece muerte transitoria por instinto de conservación.

Pero con decir esto no hemos hecho sino aproximarnos conceptualmente al tema, y los conceptos son siempre una mediación entre las cosas y nosotros. Es preciso que lleguemos a una conciencia más profunda, a una conciencia inmediata del tema español. Es esta la conciencia sentimental, la sensibilidad. Zuloaga es tan grande artista, porque ha tenido el arte de sensibilizar el trágico tema español.

Europa se ha convertido en lo que etimológicamente significa: la llanura ancha. Es una planicie moral e intelectual. Sobre ella los cuadros de Zuloaga son como un alarido de un pueblo que supo resistir y hoy ofrece a la esperanza las posibilidades encerradas en sus fuertes instintos intactos.

DEL REALISMO EN PINTURA*

Algunos pintores que han llevado este año sus cuadros a la Exposición oficial —nombre redundante, porque todo lo oficial trae consigo exposición— habían intentado introducir dentro de los marcos un poco de arte. Habían intentado introducir formas, órganos estéticos. Porque en esto viene a diferenciarse el marco de un escaparate o el marco de una ventana del marco de un cuadro: al través de aquellos se ven cosas sometidas a la gravitación universal; al través de este se ven formas liberadas de la existencia.

Y, con un acierto verdaderamente ejemplar, la crítica, el jurado y el público han maltratado a esos mozos pintores, por la manía en que han caído de crear un mundo sentimental con las cerdas de león de sus pinceles y haberse dejado mover por

un desiderio vano della belleza antica.

Y como a todo el que en España aspira de lo oscuro a lo claro, se les ha amonestado con la lúcida evocación de

---

* [*El Imparcial*, 21 junio 1912.]

eso que llaman raza, casta o tradición nacional. Y se
ha decretado que los españoles hemos sido realistas
—decreto que encierra alguna gravedad—, y lo que es
aún peor, que los españoles hemos de ser realistas, así, a
la fuerza. Y luego se ha llamado a esos pintores idealistas; lo cual debe significar alguna fea condición, porque
se usaba del vocablo como de un insulto patente.

Y, a la postre, no enojaban en tanto grado las obras
presentadas como las «tendencias»... Tendencias era lo
que solía condenar la Inquisición. En el mundo lo malo
es la tendencia. Porque tendencia es impulso desde lo
presente hacia lo que aún no existe sobre la tierra, hacia
lo que aún no existe mas que en la mente de unos
cuantos. Las tendencias tienden siempre hacia ideas; de lo
real hacia lo ideal. Hacia la realidad no se puede tender,
porque está allí donde estamos. Poseer tendencias es
tener ideas, es llevar dentro un ideal como se lleva espada
al cinto o una lanza en la mano. Y esto es vedado,
porque como Goethe decía, «todo lo ideal es usadero
para fines revolucionarios».

No hagáis usos nuevos vosotros los nuevos pintores.
Hay una estética gobernante: se llama a sí misma
realismo. Es una estética cómoda. No hay que inventar
nada. Ahí están las cosas; aquí está el lienzo, paleta y
pinceles. Se trata de hacer pasar las cosas que están ahí al
lienzo que está aquí. Es una estética según la manera de
los que parlan en la Plaza Mayor: «Respetable público:
aquí está el huevo *e* aquí está el pañuelo...»

Un célebre pintor contemporáneo solía resumir toda
su estética en estas palabras: «El arte de la pintura
consiste en hacer un pimiento que parezca un pimiento.»
Esto es la pintura desde el punto de vista del pintor; pero
desde el punto de vista del contemplador tendríamos que
decir así: «El placer estético que un cuadro produce es lo
que más se parece a una indigestión.»

¿Será lícito asombrarse al oír que personas de alguna
formalidad llaman a Velázquez realista o naturalista?
Con hermosa inconsecuencia suprimen de este modo

todos los méritos velazquinos. Porque si a Velázquez hubieran importado principalmente las cosas, la *res* o la Naturaleza, hubiera sido nada más que un discípulo de los flamencos y de los cuatrocentistas italianos. Estos son los conquistadores de las cosas, de las naturas de las cosas. Y no por casualidad. Ábrase el *Tratado* de Leonardo por cualquiera parte y se hallará la teoría del realismo estético.

La segunda mitad del siglo XIX ha puesto a Velázquez en la cumbre suprema del arte. No nosotros, conste: los ingleses, los franceses nos han enseñado a mirar a Velázquez. No es Lucas quien descubre con ojos nuevos a Velázquez y Goya. Lucas era incapaz de esta genialidad. Delacroix enseña a Lucas el secreto de nuestros dos grandes pintores: que los cuadros se pintan como se labran las joyas: con materias preciosas, con colores subitáneos y brillantes. Claro está que Lucas no aprendió bien nunca la lección. La aprendió y potenció Manet. El Velázquez de que hoy se habla no es el que veían los ojos sin brío de Felipe IV, sino el Velázquez de Manet, el Velázquez impresionista.

Ahora bien: no hay nada más opuesto al realismo que el impresionismo. Para éste no hay cosas, no hay *res,* no hay cuerpos, no es el espacio un inmenso ámbito cúbico. El mundo es una superficie de valores luminosos. Las cosas, que empiezan aquí y acaban allá, son fundidas en un portentoso crisol, y comienzan a fluir las unas por dentro de los poros de las otras. ¿Quién es capaz de coger una cosa en un cuadro de Velázquez de la última época? ¿Quién es capaz de señalar dónde empieza y dónde acaba una mano de *Las Meninas*? Aún se podría aspirar a tener un día entre los brazos el cuerpo marfileño y lánguido de la Mona Lisa; pero esa azafata que alarga el búcaro a la niña cesárea es fugitiva como una sombra, y si intentáramos aprehenderla quedaría en nuestras manos sólo una impresión.

No cabe pensar antítesis mayor que la que existe entre los pintores que buscan la naturaleza, las cosas, y los que buscan las impresiones de las cosas. Wickoff, de Viena, ha llamado estos dos linajes de pintura naturalismo e ilusionismo. Los naturalistas —como italianos del siglo XV, flamencos y alemanes—, reúnen en el cuadro una serie innumerable de actos visuales; han estudiado previamente cada cosa y cada parte de cada cosa; han investigado con idéntica acribia las figuras que han de ocupar el primer plano y las que han de asentarse en el último; han averiguado las deformaciones que el aire intermedio impone a los cuerpos lejanos (recuérdese lo que Leonardo escribe sobre las gradaciones del azul según las distancias); han aprendido anatomía, perspectiva, física. Se acercan a los cuerpos armados de todas armas como si fueran a conquistar un áureo vellocino. Y esto son, en realidad, las cosas para ellos: sublimes riquezas que contemplan los ojos codiciosos. Porque son verdaderamente sensuales y amantes de la tierra y de las realidades sobre la tierra. Sus globos oculares se acomodan a cada distancia y a cada cosa: se afanan en su persecución. La realidad reina sobre el pintor como la mujer amada en la hora del paroxismo.

Pero este nuestro Velázquez... Contemplad en sus autorretratos el desdén con que miran el mundo sus ojos cansados. Tras de sus hombros parece alzarse, como una musa doméstica, la indiferencia. Le importan sólo las imágenes fugaces que en un vibrar de los párpados envían las cosas a su retina. Y cada cuadro de este genio es, más bien que un pedazo del mundo, una inmensa retina ejemplar. Velázquez nos ilusiona, nos alucina. Lejos de obligar a sus ojos que se acomoden a las solicitaciones de los cuerpos, hace que éstos se acomoden a su visión, y al pasar entre sus párpados apenas abiertos, quedan las cosas laminadas primero, luego pulverizadas en átomos de luz. La luz importaba a Velázquez, no los cuerpos de las cosas. La luz, que es la materia con que Dios creó el mundo.

De Goya no hay que hablar en este respecto, porque el divino sátiro de la pintura no es sólo indiferente ante las cosas. Es iracundo. Se acerca a ellas, sí. No tiene la desdeñosa distinción de Velázquez. Pero se acerca a ellas con un látigo y fustiga como un energúmeno los pobres lomos jadeantes. En aquellos cuadros donde parece entregarse a las furias demoníacas que anidan en su corazón como rapaces aves negras en una torre de granito, las cosas entran dilaceradas, acuchilladas, harapos de sí mismas. ¿Dónde podría quedar plaza para el realismo en este genio de la caprichosidad?

El realismo español es una de tantas vagas palabras con que hemos ido tapando en nuestras cabezas los huecos de ideas exactas. Sería de enorme importancia que algún español joven que sepa de estos asuntos tomara sobre sí la faena de rectificar ese lugar común que cierra el horizonte como una barda gris a las aspiraciones de nuestros artistas. Tal vez resultaría que somos todo lo contrario de lo que se dice: que somos más bien amigos de lo barroco y dinámico, de las torsiones y el expresivismo.

Y sería buena nueva. Porque con la palabra realismo se quiere significar de ordinario una carencia de invención y de amor a la forma, de poesía y de reverberaciones sentimentales, que agosta miserablemente la mayor porción de las pinturas españolas. Realismo es entonces prosa. Realismo es entonces la negación del arte, dígase con todas sus letras.

Los pintores que este año han sido más discutidos, y que yo no trato de defender en particular, aspiran a arrojar los mercaderes del templo, la prosa del arte. Buscan, tras de las apariencias, nuevas formas a construir. Afírmense en su propósito: corrijan ciertas puerilidades y arcaísmos, pero no duden de que están en lo cierto. Arte no es copia de cosas, sino creación de formas. Cuarenta años de impresionismo creo que son sobrados para allegar nuevos instrumentos a la técnica pictórica y aumentar sus posibilidades. Por centésima vez vuelve a ser tarea inminente del arte la conquista de la forma. ¡Sus a la forma novecentista!

Pero ¿y la Naturaleza?

Un día llegó a Whistler una nueva discípula y se puso a pintar un paisaje con magnífico púrpura y verdes estupendos. Whistler miró el lienzo, y pregunta a la autora qué es lo que está pintando. Ella entorna los ojos soñadoramente, y responde:

—Pinto la naturaleza tal y como se me presenta. ¿No es esto lo que se debe hacer, señor Whistler?

—Sí, sí —repuso el maestro tranquilamente—; suponiendo que la naturaleza no se presente como usted la pinta.

ENSAYO DE ESTETICA A MANERA
DE PROLOGO[1]

Este tomito de versos —a quien su autor llama *El pasajero*— nos hace asistir a la iniciación de un nuevo poeta, al nacimiento de una nueva musa. En todo instante pueblan el aire poéticas voces de las cuales son algunas plenas y armoniosas, por lo menos correctas; pero muy pocas de ellas son gritos líricos originales. No seamos demasiado duros con la falta de originalidad; apliquemos a las obras de arte donde no se intenta un estilo nuevo una crítica apropiada. Exijámosles plenitud, armonía, por lo menos corrección —las virtudes de externidad.

Pero reservemos nuestro amor de lectores para los verdaderos poetas, es decir, para los hombres que traen un nuevo estilo, que son un estilo. Porque estos hombres enriquecen el mundo, aumentan la realidad. La materia, se decía antes, ni crece ni mengua; ahora dicen los físicos que se degrada, que disminuye. Sigue siendo verdad que no aumenta. Esto significa que las cosas son siempre las mismas, que de su material no nos puede

---

1 [Prólogo al libro *El Pasajero,* de J. Moreno Villa, Madrid, 1914.]

venir ampliación ninguna. Pero he aquí que el poeta hace entrar a las cosas en un remolino y como espontánea danza. Sometidas a este virtual dinamismo las cosas adquieren un nuevo sentido, se convierten en otras cosas nuevas.

La materia siempre vieja e invariable, arrebatada por remolinos de trayectoria siempre nueva, es el tema de la historia del arte. Los vórtices dinámicos que ponen novedad en el mundo, que aumentan idealmente el universo son los estilos.

Llegado al punto, para mí tan imprevisto y extraño, de escribir unas páginas al frente de un bellísimo haz de poesías, no sabía cómo resolverme.

El valor característico de este libro consiste, según he dicho, en anunciar un poeta verdaderamente nuevo, un estilo, una musa. Por otra parte, el estilo, la musa en estas páginas no hace sino comenzar su germinación. Yo creo que sería indelicado acercarse demasiado pronto a él para definirlo. Creo preferible dedicar las páginas siguientes a fijar un poco qué sea en general un estilo, una musa. De ellas trascenderá al lector una emoción de respeto hacia estas primeras palabras de un poeta que aspira a lo sumo a que se puede aspirar en arte: a ser él mismo.

Sin embargo, esté advertido el lector de que a las páginas de absoluta poesía de *El pasajero* forman éstas mías como un atrio de absoluta prosa. Hablan de estética —lo cual es todo lo contrario que el arte, la cual es o pretende ser ciencia.

I

RUSKIN, LO USADERO Y LA BELLEZA

Leer versos no es una de mis ocupaciones habituales. En general, no concibo que pueda ser la de nadie. Tanto para leer como para crear una poesía debiéramos exigir cierta solemnidad. No una solemnidad de exteriores pompas, mas sí aquel aire de estupor íntimo que invade nuestro corazón en los momentos esenciales. La pedagogía contemporánea viene influyendo de un modo deplorable en el orden de la cultura estética al hacer del arte una cosa usadera, normal y de hora fija. De esta suerte, perdemos el sentimiento de las distancias; perdemos respeto y miedo al arte; nos acercamos a él en cualquier instante, en el traje y temple que nos coge y nos acostumbramos a no entenderlo. La emoción real a que hoy nos referimos cuando hablamos de goce estético es —si queremos sinceramente reconocerlo— un pálido deleite, exento de vigor y densidad, que nos produce el mero roce con la obra bella.

Uno de los hombres más funestos para la Belleza ha sido, tal vez, Ruskin, que ha dado al arte una interpretación inglesa. La interpretación inglesa de las cosas consiste en su reducción a objetos domésticos y habituales. Aspira el inglés, sobre todo, a vivir bien, cómodamente; lo que es para el francés la sensualidad y para el alemán la filosofía, es para el inglés el *comfort*. Ahora bien: el *comfort,* la comodidad, exige de las cosas muy numerosas condiciones, distintas según la función vital a que se trate en cada caso de dar comodidad: sólo una condición es genérica, ineludible y como un *a priori* de todo lo cómodo: que sea consuetudinario. No en balde es Inglaterra el país que ha resuelto el problema de avanzar sin romper con sus usos añejos. Lo insólito, por el mero hecho de serlo, es incómodo.

Ruskin acertó a dar una interpretación del arte que toma de éste sólo aquello susceptible de convertirse en ejercicio consuetudinario. Su evangelio es el arte como uso y comodidad. Tal intención, naturalmente, sólo puede llevar a la inteligencia aquellas artes que no lo son en rigor: las artes industriales o decorativas. Ruskin se obstina en introducir la Belleza en el severo, manso hogar inglés: para ello tiene antes que domesticarla, enervarla, desangrarla. Y así, hecha un fantasma, hecha un adjetivo, la conduce a las honradas viviendas de los ciudadanos británicos.

Yo no digo que la decoración o industria artística se halle exenta de belleza: digo sólo que su belleza no es sólo belleza —es utilidad barnizada de belleza, tocada de belleza—: es agua con alguna gota báquica. Y acontece que el hombre contemporáneo se ha acostumbrado a no pedir a la belleza emociones más hondas que las nacidas de las artes industriales, y si fuera sincero confesaría que el goce estético no es placer diverso del que producen las cosas un poco aseadas y puestas en buen orden.

Sería prudente libertar la Belleza de esa vaina decorativa en que se la quiere mantener y que vuelva el alma acerada a dar bajo el sol sus peligrosas refulgencias. Este buen siglo XX, que nos lleva en sus brazos fuertes, de músculos tensos, parece destinado a romper con algunas hipocresías, insistiendo en las diferencias que separan a las cosas. Sentimos que de la raíz de nuestro ánimo asciende como una voluntad de mediodía enemiga de las visiones crepusculares donde todos los gatos son pardos. Ciencia no va a ser para nosotros un sentido común auxiliado de aparatos métricos, ni Moral una pasiva honorabilidad en nuestra actuación social, ni Belleza el aseo, la sencillez o la compostura. Todas esas cosas —sentido común, honorabilidad civil, aseo— están muy bien; no tenemos nada contra ellas, nos repugnaría quien las despreciara. Pero Ciencia, Moral, Belleza son otras cosas que en nada se les parecen...

No es leer poesías una de mis ocupaciones habituales.

Yo necesito beber el agua en un vaso limpio, pero no me deis un vaso bello. Juzgo, en primer lugar, muy difícil que un vaso de beber pueda, en todo rigor, ser bello; pero si lo fuera yo no podría llevarlo a mis labios. Me parecería que al beber su agua bebía la sangre de un semejante —no de un semejante, sino de un idéntico. O atiendo a calmar la sed o atiendo a la Belleza: un término medio sería la falsificación de una y otra cosa.

Cuando tenga sed, por favor, dadme un vaso lleno, limpio y sin belleza.

Hay gentes que no han sentido nunca sed, lo que se llama sed, verdadera sed. Y hay quien no ha sufrido nunca la experiencia esencial de la Belleza. Sólo así se explica que pueda alguien beber en vasos bellos.

II

EL «YO» COMO LO EJECUTIVO

Usar, utilizar sólo podemos las cosas. Y viceversa: cosas son los puntos donde se inserta nuestra actividad utilitaria. Ahora bien: ante todo podemos situarnos en actitud utilitaria, salvo ante una cosa, salvo ante una sola cosa, ante una única cosa: Yo.

Kant reduce la moral a su conocida fórmula: obra de tal manera que no emplees sólo como medios a los otros hombres, que sean como fines de tus propios actos. Hacer, como Kant, de esas palabras la expresión de una norma y el esquema de todo deber equivale a declarar que de hecho cada uno de nosotros *usa* de los demás congéneres, los trata como cosas. El imperativo de Kant, en sus varios dictados, aspira a que los demás hombres sean para nosotros *personas,* no utilidades, *cosas.* Y esta dignidad de persona le sobreviene en algo cuando cumplimos la máxima inmortal del Evangelio: trata al prójimo como a *ti mismo.* Hacer de algo un *yo mismo* es el único medio para que deje de ser cosa.

Mas, a lo que parece, nos es dado elegir ante otro hombre, ante otro sujeto, entre tratarlo como cosa, utilizarlo, o tratarlo como «Yo». Hay aquí un margen para el arbitrio, margen que no sería posible si los demás individuos humanos fueran realmente «Yo». El «tú», el «él», son, pues, ficticiamente «yo». En términos kantianos diríamos que mi *buena voluntad* hace de *ti* y de *él* como otros *yo.*

Pero antes hablábamos del *yo* como de lo único que no sólo no queremos, sino que no podemos convertir en cosa. Esto ha de tomarse al pie de la letra. Para verlo claramente conviene percatarse primero de la modificación que en el significado de un verbo introduce su empleo en primera persona del presente de indicativo con respecto a su significado en segunda o tercera persona: Yo ando, por ejemplo. El sentido *andar* en «yo ando» y «él anda» tiene evidentemente un primer aspecto de identidad —de otra suerte no emplearíamos la misma raíz idiomática. Adviértase que «significación» no quiere decir sino «referencia a un objeto»; por tanto, «significación idéntica» será «referencia a un mismo objeto o realidad, a un mismo cariz de un objeto o realidad». Pues bien, si fijamos con alguna insistencia nuestra atención en cuál sea la realidad a que el «yo ando» alude, notaremos cuán grande es su diferencia de la aludida por «él anda». El andar de «él» es una realidad que percibo por los ojos, verificándose en el espacio: una serie de posiciones sucesivas de unas piernas sobre la tierra. En el «yo ando» tal vez acuda a mí la imagen visual de mis pies moviéndose; pero sobre ello, y no como lo más directamente aludido en aquellas palabras, encuentro una realidad invisible y ajena al espacio —el esfuerzo, el impulso, las sensaciones musculares de tensión y resistencia. La diferencia no puede ser mayor. Diríase que en el «yo ando» me refiero al andar visto por dentro de lo que él es y en «él anda», al andar visto en su exterior resultado. Sin embargo, la unidad del andar como íntimo suceso y el andar como acontecimiento externo con ser palmaria, inmediata y presentársenos sin exigirnos trabajo alguno no implica la menor semejanza entre ambas sus caras. ¿Qué tiene que ver, en qué puede parecerse la peculiar cosa «íntimo esfuerzo», «sensación de resistencia» con un cuerpo que varía su situación en el espacio? Hay, pues, un «yo-andar» completamente distinto del «andar los demás».

Cualquiera otro ejemplo que tomemos reproducirá la misma observación. Sin embargo, en casos como el de «andar» parece que es la exterior su significación primaria y más clara. No nos metamos ahora en averiguar por qué esto es así. Baste advertir que, en cambio, toda una clase de verbos se caracteriza por ser su significación primaria y evidente la que tienen en primera persona. Yo deseo, yo odio, yo siento dolor. El dolor o el odio ajenos, ¿quién los ha tenido? Sólo vemos una fisionomía contraída, unos ojos que punzan de través. ¿Qué hay en estos objetos visuales de común con lo que yo hallo en mí cuando hallo en mí dolor u odio?

Con esto queda claro, a lo que pienso, la distancia entre «yo» y toda otra cosa, sea ella un cuerpo inánime o un «tú», un «él». ¿Cómo expresaríamos de un modo general esa diferencia entre la imagen o concepto del dolor y el dolor como sentido, como doliendo? Tal vez haciendo notar que se excluyen mutuamente: la imagen de un dolor no duele, más aún, aleja el dolor, lo sustituye por una sombra ideal, Y viceversa: el dolor doliendo es lo contrario de su imagen; en el momento que se hace imagen de sí mismo deja de doler.

Yo significa, pues, no este hombre a diferencia del otro ni mucho menos el hombre a diferencia de las cosas, sino todo —hombres, cosas, situaciones—, en cuanto verificándose, siendo, ejecutándose. Cada uno de nosotros es *yo,* según esto, no por pertenecer a una especie zoológica privilegiada, que tiene un aparato de proyecciones llamado conciencia, sino más simplemente porque *es* algo. Esta caja de piel roja que tengo delante de mí no es *yo* porque es sólo una imagen mía, y ser imagen equivale justamente a no ser lo imaginado. Imagen, concepto, etc., son siempre *imagen, concepto de...* y eso *de* quien son imagen constituye el verdadero ser. La misma diferencia que hay entre un dolor de que se me habla y un dolor que yo siento hay entre el rojo visto por mí y el estar siendo roja esta piel de la caja. Para ella el ser roja es como para mí el dolerme. Como hay un yo Fulano de Tal, hay un yo-rojo, un yo-agua y un yo-estrella.

Todo, mirado desde dentro de sí mismo, es *yo*.

Ahora vemos por qué no podemos situarnos en postura utilitaria ante el «yo»: simplemente porque no podemos situarnos *ante* él, porque es indisoluble el estado de perfecta compenetración con algo, porque es todo en cuanto intimidad.

III

Todo, mirado desde dentro de sí mismo, es *yo*.

Esta frase sólo puede servir de puente a la estricta comprensión de lo que buscamos. En rigor es inexacta.

Cuando yo siento un dolor, cuando amo u odio yo no veo mi dolor ni me veo amando u odiando. Para que yo vea *mi* dolor es menester que interrumpa mi situación de doliente y me convierta en un yo vidente. Este yo que ve al otro doliente es ahora el yo verdadero, el ejecutivo, el presente. El yo doliente, hablando con precisión, fue, y ahora es sólo una imagen, una cosa u objeto que tengo delante.

De este modo llegamos al último escalón del análisis: «yo» no es el hombre en oposición a las cosas, «yo» no es este sujeto en oposición al sujeto «tú» o «él», «yo», en fin, no es ese «mí mismo», *me ipsum* que creo conocer cuando practico el apotegma délfico: «Conócete a ti mismo.» Esto que veo levantarse sobre el horizonte y vacilar sobre las alongadas nubes de alborada como un ánfora de oro, no es el sol, sino una imagen del sol: del mismo modo el «yo» que me parece tener tan inmediato a mí es sólo la imagen de mi «yo».

No es éste el lugar adecuado para mover guerra al pecado original de la época moderna que, como todos los pecados originales, a decir verdad, fue condición necesaria de no pocas virtudes y triunfos. Me refiero al subjetivismo, la enfermedad mental de la Edad que empieza con el Renacimiento y consiste en la suposición de que lo más cercano a mí soy yo —es decir, lo más cercano a mí en cuanto conocimiento es mi realidad o yo en cuanto realidad. Fichte, que fue antes que nada y sobre todo un hombre excesivo, lo excesivo elevado a la categoría de genio, señala el grado máximo de esta fiebre subjetiva, y bajo su influjo transcurrió una época en que, a cierta hora de la mañana, dentro de las aulas germánicas se sacaba el mundo del yo como se saca uno el pañuelo del bolsillo. Después de que Fichte iniciase el descenso del subjetivismo, y acaso en estos momentos, se anuncia como el vago perfil de una costa, la nueva manera de pensar exenta de aquella preocupación.

Ese *yo,* a quien mis conciudadanos llaman Fulano de Tal, y que soy yo mismo, tiene para mí, en definitiva, los mismos secretos que para ellos. Y viceversa: de los demás hombres y de las cosas no tengo noticias menos directas que de mí mismo. Como la luna me muestra sólo su pálido hombro estelar, mi «yo» es un transeúnte embozado, que pasa ante *mi* conocimiento, dejándome ver sólo su espalda envuelta en el paño de una capa.

Del dicho al hecho hay gran trecho —exclama el vulgo. Y Nietzsche: «Es muy fácil pensar las cosas; pero es muy difícil serlas.» Esa distancia que va del dicho al hecho, de pensar algo a ser algo es la misma exactamente que media entre *cosa* y *yo.*

IV

EL OBJETO ESTETICO

De suerte que llegamos al siguiente rígido dilema: no podemos hacer objeto de nuestra comprensión, no puede existir para nosotros nada si no se convierte en imagen, en concepto, en idea —es decir, si no deja de ser lo que es, para transformarse en una sombra o esquema de sí mismo. Sólo con una cosa tenemos una relación íntima: esta cosa es nuestro individuo, nuestra vida, pero esta intimidad nuestra al convertirse en imagen deja de ser intimidad. Cuando decía que en el «yo ando» nos referíamos a un andar que fuera visto por su interior, aludía a una relativa interioridad: con respecto a la imagen del moverse un cuerpo en el espacio es la imagen del movimiento de mis sensaciones y sentimientos como una interioridad. Pero *la verdadera intimidad que es algo en cuanto ejecutándose* está a igual distancia de la imagen de lo externo como de lo interno.

La intimidad no puede ser objeto nuestro ni en la ciencia, ni en el pensar práctico, ni en el representar imaginativo. Y, sin embargo, es el verdadero ser de cada cosa, lo único suficiente y de quien la contemplación nos satisfaría con plenitud.

Dejemos el perseguir la cuestión de si es posible racionalmente y de cómo sería posible llegar a hacer objeto de nuestra contemplación lo que parece condenado a no ser nunca objeto. Esto nos llevaría demasiado adentro en tierras metafísicas.

Coloquémonos con alguna atención frente a una obra de arte —el *Pensieroso,* por ejemplo, divinamente quieto bajo la luz frígida de la capilla medicea. Y preguntémonos qué *cosa* es la que, en última instancia, sirve de término, de objeto y tema a nuestra contemplación.

No es el bloque de mármol como imagen de una realidad: nos es evidente que, a poder retenerlo en todos sus detalles como recuerdo, su existencia material parecería indiferente. La conciencia de la realidad de aquel cuerpo marmóreo no interviene en nuestra fruición estética —o interviene, mejor dicho, sólo como medio para que nosotros vengamos a la intuición de un objeto puramente imaginario que podríamos transportar íntegramente en nuestra fantasía.

Mas tampoco el objeto fantástico es el objeto estético. Un objeto fantástico no tiene por qué ser distinto de un objeto real: la diferencia entre ambos se reduce a que una misma cosa nos la representamos como existente o como inexistente. Mas el *Pensieroso* es un nuevo objeto de calidad incomparable, con quien nos sentimos en relación merced a aquel objeto de fantasía. Empieza justamente donde acaba toda imagen. No es la blancura de este mármol, ni estas líneas y formas, sino aquello a que todo esto alude, y que hallamos súbitamente ante nosotros con una presencia de tal suerte plenaria que sólo podríamos describirla con estas palabras: absoluta presencia.

¿Qué diferencia hay entre la imagen visual que a veces tenemos de un hombre pensando frente a nosotros y el pensar del *Pensieroso*? Aquella imagen visual obra como una narración sobre nosotros, nos dice que allí, a nuestra vera alguien piensa: hay siempre una distancia entre lo que se nos da en la imagen y aquello a que la imagen se refiere. Mas en el *Pensieroso* tenemos el acto mismo de pensar ejecutándose. Presenciamos lo que de otro modo no puede sernos nunca presente.

Trivial y errónea es la descripción que un estético contemporáneo da de esta peculiarísima manera de conocimiento, de saber de un objeto, que nos ofrece el arte. Según Lipps, proyecto mi yo en el trozo de mármol pulido y esa intimidad del *Pensieroso* sería como el disfraz de mí mismo. Esto es evidentemente falso: me doy perfecta cuenta de que el *Pensieroso* es él y no yo, es su *yo* y no el mío.

El error de Lipps es hijo de aquel prurito subjetivista a que antes me he referido; como si esa transparencia literalmente incomparable del objeto estético pudiera tenerla para mí —fuera del arte—, mi *yo*. No en la introspección, no observándome a mí mismo, encuentro la intimidad del pensar como en este volumen marmóreo. Nada más falso que suponer en el arte un sucedáneo de la vida interior, un método para comunicar a los demás lo que fluye en nuestro subterráneo espiritual. Para esto está el idioma; pero el idioma alude meramente a la intimidad, no la ofrece.

Adviértanse los tres términos que intervienen en toda expresión idiomática. Cuando digo «me duele» es preciso distinguir: 1.º, el dolor mismo que yo siento; 2.º, la imagen mía de ese dolor, la cual no duele; 3.º, la palabra «me duele». ¿Qué es lo que transporta al alma vecina este sonido «me duele», qué es lo que significa? No el dolor doliendo, sino la imagen anodina del dolor.

La narración hace de todo un fantasma de sí mismo, lo aleja, lo traspone más allá del horizonte de la actualidad. Lo narrado es un «fue», y el *fue* es la forma esquemática que deja en el presente lo que está ausente, el ser de lo que ya no es —la camisa que la sierpe abandona.

Pues bien, pensemos lo que significaría un idioma o un sistema de signos expresivos de quien la función no consistiera en narrarnos las cosas, sino en presentárnoslas como ejecutándose.

Tal idioma es el arte: esto hace el arte. El objeto estético es una intimidad en cuanto tal —es todo en cuanto *yo*.

No digo —¡cuidado!— que la obra de arte nos descubra el secreto de la vida y del ser; sí digo que la obra de arte nos agrada, con ese peculiar goce que llamamos estético, por *parecernos* que nos hace patente la intimidad de las cosas, su realidad ejecutiva —frente a quien las otras noticias de la ciencia *parecen* meros esquemas, remotas alusiones, sombras y símbolos.

V

LA METAFORA

Nuestra mirada al dirigirse a una cosa tropieza con la superficie de ésta y rebota volviendo a nuestra pupila. Esta imposibilidad de penetrar los objetos da a todo acto cognoscitivo —visión, imagen, concepto— el peculiar carácter de dualidad, de separación entre la cosa conocida y el sujeto que conoce. Sólo en los objetos transparentes, un cristal, por ejemplo, parece no cumplirse esta ley: mi visión penetra en el cristal, es decir, paso yo bajo la especie de acto visual al través del cuerpo cristalino y hay un momento de compenetración con él. En lo transparente somos la cosa y yo uno. Sin embargo, ¿acontece esto en rigor? Para que la transparencia del cristal sea verdadera es menester que dirija mi vista a su través en dirección a otros objetos donde la mirada rebote: un cristal que miráramos sobre un fondo de vacío no existiría para nosotros. La esencia del cristal consiste en servir de tránsito a otros objetos: su ser es precisamente no ser él, sino ser las otras cosas. ¡Extraña misión de humildad, de negación de sí mismos, adscrita a ciertos seres! La mujer que es, según Cervantes, «un cristal transparente de hermosura» parece también condenada a «ser lo otro que ella»: en lo corporal, como en lo espiritual, parece destinada la mujer a ser un aromado tránsito de otros seres, a dejarse penetrar del amante, del hijo.

Pero a lo que iba: si en lugar de mirar otras cosas a través del vidrio hago a éste término de mi misión, entonces deja de ser transparente y hallo ante mí un cuerpo opaco.

Este ejemplo del cristal puede ayudarnos a comprender intelectualmente lo que instintivamente, con perfecta y sencilla evidencia, nos es dado en el arte, a saber: un objeto que reúne la doble condición de ser transparente y de que lo que en él transparece no es otra cosa distinta, sino él mismo.

Ahora bien: este objeto que se transparenta a sí mismo, el objeto estético, encuentra su forma elemental en la metáfora. Yo diría que objeto estético y objeto metafórico son una misma cosa, o bien que la metáfora es el objeto elemental, la célula bella.

Una injustificada desatención por parte de los hombres científicos mantiene la metáfora todavía en situación de *terra incognita*. Mas no voy a pretender en estas páginas fugitivas la construcción de una teoría de la metáfora, y he de limitarme a indicar cómo en ella se revela de un modo evidente el genuino objeto estético.

Ante todo conviene advertir que el término «metáfora» significa a la par un procedimiento y un resultado, una forma de actividad mental y el objeto mediante ella logrado.

Un poeta de Levante, el señor López Picó, dice que el ciprés

e com l'espectre d'una flama morta.

He aquí una sugestiva metáfora. ¿Cuál es en ella el objeto metafórico? No es el ciprés ni la llama ni el espectro: todo esto pertenece al orbe de las imágenes reales. El objeto nuevo que nos sale al encuentro es un «ciprés-espectro de una llama». Ahora bien, tal ciprés no es un ciprés, ni tal espectro un espectro, ni tal llama una llama. Si queremos retener lo que puede del ciprés quedar una vez hecho llama y de ésta hecha ciprés, se reduce a la nota real de identidad que existe entre el esquema lineal del ciprés y el esquema lineal de la llama. Esta es la semejanza real entre una y otra cosa. En toda metáfora hay una semejanza real entre una y otra cosa. En toda metáfora hay una semejanza real entre sus elementos, y por esto se ha creído que la metáfora consistía esencialmente en una asimilación, tal vez en una aproximación asimilatoria de cosas muy distantes.

Esto es un error. En primer lugar, esa mayor o menor distancia entre las cosas no puede querer decir sino un mayor o menor parecido entre ellas; muy distantes, por tanto, equivale a muy poco parecidas. Y, sin embargo, la metáfora nos satisface precisamente porque en ella averiguamos una coincidencia entre dos cosas más honda y decisiva que cualesquiera semejanzas.

Pero, además, si al leer el verso de López Picó fijamos la atención, insistimos premeditadamente en lo que ambas cosas tienen de real similitud —el esquema lineal del ciprés y de la llama—, advertiremos que todo el encanto de la metáfora se desvanece, dejándonos delante una muda, insignificante observación geométrica. No es, pues, la asimilación real lo metafórico.

En efecto, la semejanza positiva es la primera articulación del aparato metafórico, pero sólo esto. Necesitamos del parecido real, de cierta aproximación capaz de ser razonada entre dos elementos, mas con un fin contrario al que suponemos.

Adviértase que las semejanzas donde las metáforas se apoyan son siempre inesenciales desde el punto de vista real. En nuestro ejemplo la identidad del esquema lineal entre un ciprés y una llama es de tal modo extrínseca, insignificante para cada uno de muchos elementos, que no vacilamos en considerarla como un pretexto.

El mecanismo, pues, acaso sea el siguiente: se trata de formar un nuevo objeto que llamaremos el «ciprés bello», en oposición al ciprés rcal. Para alcanzarlo es preciso someter éste a dos operaciones: la primera consiste en libertarnos del ciprés como realidad visual y física, en aniquilar el ciprés real; la segunda consiste en dotarlo de esa nueva cualidad delicadísima que le presta carácter de belleza.

Para conseguir lo primero buscamos otra cosa con quien el ciprés posea una semejanza real en algún punto, para ambos sin importancia. Apoyándonos en esta identidad inesencial afirmamos su identidad absoluta. Esto es absurdo, es imposible. Unidos por una coincidencia en algo insignificante, los restos de ambas imágenes se resisten a la compenetración, repeliéndose mutuamente. De suerte que la semejanza real sirve en rigor para acentuar la desemejanza real entre ambas cosas. Donde la identificación real se verifica no hay metáfora. En ésta vive la conciencia clara de la no-identidad.

Max Müller ha hecho notar que en los Vedas la metáfora no ha encontrado todavía para expresar su radical equívoco la palabra «como». En cambio, se nos presenta la operación metafórica a la intemperie, despellejada, y asistimos a este momento de negación de la identidad. El poeta védico no dice «firme como una roca», sino *sa parvato na acyutas —ille firmus, non rupes*. Como si dijera: la firmeza es, por lo pronto, sólo un atributo de las rocas, pero él es también firme—; por tanto, con una nueva firmeza que no es la de las rocas, sino de otro género. Del mismo modo que el poeta ofrece al Dios su himno *non suavem cibum,* que es dulce pero no es un manjar; la ribera avanza mugiendo «pero no es un toro»[1].

La lógica tradicional hablaba del modo *tollendo ponens* en que la negación de una cosa es a la vez afirmación de una nueva. Así, aquí el ciprés-llama no es un ciprés real, pero es un nuevo objeto que conserva del árbol físico como el molde mental —molde en que viene a inyectarse una nueva sustancia ajena por completo al ciprés, la materia espectral de una llama muerta[2]. Y, viceversa, la llama abandona sus estrictos límites reales —que hacen de ella una llama y nada más que una llama— para fluidificarse en un puro molde ideal, en una como tendencia imaginativa.

El resultado de esta primera operación es, pues, el aniquilamiento de las cosas en lo que son como imágenes reales. Al chocar una con otra rómpense sus rígidos caparazones y la materia interna, en estado fundente, adquiere una blandura de plasma, apto para recibir una nueva forma y estructura. La cosa ciprés y la cosa llama comienzan a fluir y se tornan en tendencia ideal ciprés y en tendencia ideal llama. Fuera de la metáfora, en el pensar extrapoético, son cada una de estas cosas término, punto de llegada para nuestra conciencia, son sus objetos. Por esto, el ir hacia una de ellas excluye el ir hacia la otra. Mas al hacer la metáfora la declaración de

---

[1] Max Müller: *Origine et développement de la Religion,* p. 179.

[2] Claro es que en este ejemplo hay tres metáforas: la que hace del ciprés una llama, la que hace de la llama un espectro, la que hace de la llama una llama muerta. Para simplificar analizo sólo la primera.

su identidad radical,con igual fuerza que la de su radical no-identidad, nos induce a que no busquemos aquélla en lo que ambas cosas son como imágenes reales, como términos objetivos; por tanto, a que hagamos de éstas un mero punto de partida, un material, un signo más allá del cual hemos de encontrar la identidad en un nuevo objeto, el ciprés a quien, sin absurdo, podemos tratar como a una llama.

Segunda operación: una vez advertidos de que la identidad no está en las imágenes reales, insiste la metáfora tercamente en proponérnosla. Y nos empuja a otro mundo donde por lo visto es aquélla posible.

Una sencilla observación nos hace encontrar el camino hacia ese nuevo mundo donde los cipreses son llamas.

Toda imagen tiene, por decirlo así, dos caras. Por una de ellas es imagen de esta o aquella cosa; por otra es, en cuanto imagen, algo mío. Yo veo el ciprés, yo tengo la imagen, yo imagino el ciprés. De suerte que, con respecto al ciprés, es *sólo* imagen; pero, con respecto a mí es un estado real mío, es un momento de mi yo, de mi ser. Naturalmente, mientras se está *ejecutando* el acto vital mío de ver el ciprés, es éste el objeto que para mí existe; qué sea *yo* en aquel instante constituye para mí un secreto ignorado. Por un lado, pues, es la palabra ciprés nombre de una cosa; por otro es un verbo —mi ver el ciprés. Si ha de convertirse, a su vez, en objeto de mi percepción este ser o actividad mía, será preciso que me sitúe, digámoslo así, de espaldas a la cosa ciprés, y desde ella, en sentido inverso a la anterior, mire hacia dentro de mí y vea al ciprés desrealizándose, transformándose en actividad mía, en *yo*. Dicho de otra forma, será preciso que halle el *modo* de que la palabra «ciprés», expresiva de un sustantivo, entre en erupción, se ponga en actividad, adquiera un valor verbal.

A lo que toda imagen es como estado ejecutivo mío, como actuación de mi yo, llamamos sentimiento. Es un error superado en la reciente psicología el de limitar este nombre a los estados de agrado y desagrado, de alegría y tristeza. Toda imagen objetiva, al entrar en nuestra conciencia o partir de ella, produce una reacción subjetiva —como el pájaro al posarse en una rama o abandonarla la hace temblar, como al abrirse o cerrarse la corriente eléctrica se suscita una nueva corriente instantánea. Más aún: esa reacción subjetiva no es, sino el acto mismo de percepción, sea visión, recuerdo, intelección, etc. Por esto, precisamente, no nos damos cuenta de ella; tendríamos que desatender el objeto presente para atender a nuestro acto de visión, y, por tanto, tendría que concluir este acto. Volvemos a lo que más arriba decíamos: nuestra intimidad no puede ser directamente objeto para nosotros.

Tornemos a nuestro ejemplo. Se nos invita primero a que pensemos en un ciprés; luego se nos quita de delante el ciprés y se nos propone que en el mismo lugar ideal que él ocupaba situemos el espectro de una llama. De otro modo: hemos de ver la imagen de un ciprés al través de la imagen de una llama, lo *vemos como* una llama, y viceversa. Pero una y otra se excluyen, se son mutuamente opacas. Y, sin embargo, es un hecho que al leer este verso caemos en la cuenta de la posible compenetración perfecta entre ambas —es decir, de que la una, sin dejar de ser lo que es, puede hallarse en el lugar mismo en que la otra está: tenemos, pues, un caso de transparencia que se verifica en el lugar sentimental de ambas[1] El sentimiento-ciprés y el sentimiento-llama son idénticos. ¿Por qué? ¡Ah!, no sabemos por qué; es el hecho siempre irracional del arte, es el absoluto empiris-

---

[1] La palabra «metáfora» —transferencia, transposición— indica etimológicamente la posición de una cosa en el lugar de otra; *quasi in alieno loco collocantur,* dice Cicerón, *De Oratore,* III, 38. Sin embargo, la transferencia es en la metáfora siempre mutua: el ciprés es la llama y la llama es el ciprés —lo cual sugiere que el lugar donde se pone cada una de las cosas no es el de la otra, sino un lugar sentimental, que es el mismo para ambas. La metáfora, pues, consiste en la transposición de una cosa desde su lugar real a su lugar sentimental.

mo de la poesía. Cada metáfora es el descubrimiento de una ley del universo. Y aun después de creada una metáfora, seguimos ignorando su por qué. *Sentimos,* simplemente, una identidad, vivimos ejecutivamente el ser ciprés-llama.

Con esto cortamos aquí el análisis de nuestro ejemplo. Hemos hallado un objeto constituido por tres elementos o dimensiones: la cosa ciprés, la cosa llama —que se convierten ahora en meras propiedades de una tercera cosa—, el lugar sentimental o la forma *yo* de ambas. Las dos imágenes dotan al nuevo cuerpo maravilloso de carácter objetivo; su valor sentimental le presta el carácter de profundidad, de intimidad. Cuidando de acentuar por igual ambas palabras podíamos llamar al nuevo objeto «ciprés sentimental».

Esta es la nueva cosa conquistada —para algunos símbolo de la suprema realidad. Así Carducci:

> *E già che la metàfora, regina*
> *Di nascita e conquista,*
> *E' la sola gentil, salda, divina*
> *Verità che sussista...*

VI

EL ESTILO O LA MUSA

Una última consideración me importa añadir aquí. La doctrina casi universal de la estética tiende a definir el arte —con unos u otros términos— como una expresión de la interioridad humana, de los sentimientos del sujeto. No voy a discutir en estas páginas esta opinión tan general como autorizada, sino meramente a subrayar el punto de discrepancia entre ella y lo expuesto en las páginas anteriores.

El arte no es sólo una actividad de expresión de tal suerte que lo expresado, bien que inexpreso, existiera previamente como realidad. En el sucinto análisis del mecanismo metafórico que acabo de hacer, los sentimientos no son el término del trabajo poético. Es falso, facticiamente falso que en una obra de arte se exprese un sentimiento real. En nuestro ejemplo, el objeto estético es literalmente un objeto, aquel que llamábamos «ciprés sentimental». De modo que, el sentimiento es en el arte también signo, medio expresivo, no lo expresado, material para una nueva corporeidad *sui generis*. «Don Quijote» no es ni un sentimiento mío ni una persona real o imagen de una persona real: es un nuevo objeto que vive en el ámbito del mundo estético, distinto éste del mundo físico y del mundo psicológico.

Lo que ocurre es que la función expresiva del idioma se limita a expresar con unas imágenes (las sonoras·o visuales de las palabras), otras imágenes —las cosas, las personas, las situaciones, los sentimientos—, y el arte, en cambio, usa de los sentimientos ejecutivos como medios de expresión y merced a ello da a lo expresado el carácter de estarse ejecutando. Diríamos que si el idioma nos habla de las cosas, alude a ellas simplemente, el arte las efectúa. No hay inconveniente en conservar para el arte el título de función expresiva, con tal de que se admitan dos potencias distintas en el expresar: la alusiva y la ejecutiva.

Otra consecuencia de importancia deduzcamos, bien que al paso de todo lo antedicho: *El arte es esencialmente IRREALIZACION*. Podrá, dentro del ámbito estético, haber ocasión para clasificar las tendencias diversas en idealistas y realistas, pero siempre sobre el supuesto ineludible de que es la esencia del arte creación de una nueva objetividad nacida del previo rompimiento y aniquilación de los objetos reales. Por consiguiente, es el arte doblemente irreal: primero, porque no es real, porque es otra cosa distinta de lo real; segundo, porque esa cosa distinta y nueva que es el objeto estético lleva dentro de sí como uno de sus elementos la trituración de la realidad. Como un segundo plano sólo es posible detrás de un primer plano, el territorio de la belleza comienza sólo en los confines del mundo real.

En el análisis de la metáfora veíamos de qué suerte todo viene a parar en hacer de nuestros sentimientos medios de expresión, precisamente en lo que tienen de inexpresables. El mecanismo para lograr esto consistía en perturbar nuestra visión natural de las cosas, de modo que al amparo de esa perturbación se alce con el influjo decisivo lo que de ordinario nos pasa desapercibido: el valor sentimental de las cosas.

Son, pues, la superación o rompimiento de la estructura real de éstas, y su nueva estructura o interpretación sentimental, dos caras de un mismo proceso.

La peculiar manera que en cada poeta hay de desrealizar las cosas es el estilo. Y, como, mirado por la otra cara, la desrealización no se logra si no es por una supeditación de la parte que en la imagen mira al objeto a la parte que ella tiene de subjetiva, de sentimental, de porciúncula de un *yo,* se comprende que haya podido decirse: el estilo es el hombre.

Pero no se olvide que esa subjetividad sólo existe, en tanto que se ocupe con cosas, que sólo en las deformaciones introducidas en la realidad aparece. Más claro: el estilo procede de la individualidad del «yo», pero se verifica en las cosas.

El yo de cada poeta es un nuevo diccionario, un nuevo idioma al través del cual llegan a nosotros objetos, como el ciprés-llama, de quien no teníamos noticia. En el mundo real podemos tener las cosas antes que las palabras en que nos son aludidas, podemos verlas o tocarlas antes de saber sus nombres. En el orbe estético es el estilo, a la vez, palabra y mano y pupila: sólo en él y por él venimos a noticia de ciertas nuevas criaturas. Lo que un estilo dice no lo puede decir otro. Y hay estilos que son de léxico muy rico y pueden arrancar de la cantera misteriosa innumerables secretos. Y hay estilos que sólo poseen tres o cuatro vocablos, pero merced a ellos llega a nosotros un rincón de Belleza que, de otra suerte, quedaría nonato. Cada poeta verdadero, cuantioso o exiguo, es, por tal razón, insustituible. Un científico es superado por otro que le sigue: un poeta es siempre literalmente insuperable.

En cambio, resulta patente la incongruencia de toda imitación en arte. ¿Para qué? En ciencia tiene valor, precisamente, lo que se puede repetir, más el estilo es siempre unigénito.

Yo siento, por esto, una religiosa emoción cuando en la lectura de obras poéticas recientes —que sólo en horas de exquisita, ferviente superfluidad realizo— me parece sorprender más allá de las virtudes de plenitud, armonía y corrección, el vagido inicial de un estilo que germina, el vago sonreír primero de una nueva musa niña. Es la promesa de que el mundo nos va a ser aumentado.

VII

«EL PASAJERO» O UNA NUEVA MUSA

Y esto es para mí ante todo el libro de Moreno Villa. Hay en él un poema titulado «En la selva fervorosa» que debe el lector leer con sumo recogimiento. Hay allí una poesía pura. No hay en él más que poesía. Se halla exento de aquel mínimum de realidad que el simbolismo conservaba al querer dar la *impresión de las cosas*. No se conserva de éstas ni siquiera la impresión (como en las composiciones descriptivas que preceden al poema acontece).

Entre todas las cualidades físicas hay una donde apunta ya la irrealidad: es el aroma. Para percibirlo buscamos como un ensimismamiento: sentimos que nos es preciso aislarnos del contorno, el cual nos sujeta e incrusta en el orden utilitario de las realidades. Para ello cerramos los ojos y damos unas cuantas aspiraciones hondas a fin de quedarnos por un momento solos con el aroma. Algo parecido exige la comprensión del poema citado, compuesto con carne de odoraciones.

Desde el fondo druídico de esa selva nos sonríe una nueva musa que aspira a crecer, y un día, esperamos, llegará a la plenitud de sí misma.

En nuestro tórrido desierto una rosa va a abrirse.

LA VOLUNTAD DEL BARROCO

Síntoma curioso de la mutación que en ideas y sentimientos experimenta la conciencia europea —y hablamos de lo que acontecía aun antes de la guerra— es el nuevo rumbo que toman nuestros gustos estéticos.

Ha dejado de interesarnos la novela, que es la poesía del determinismo, el género literario positivista. Esto es un hecho indubitable. El que lo dude, tome en la mano un volumen de Daudet o de Maupassant y se extrañará de encontrar una cosa tan poco sonora y vibrátil. De otro lado, suele sorprendernos la insatisfacción que nos dejan las novelas del día. Reconocemos en ellas todas las virtudes técnicas, pero nos parecen recintos deshabitados. Nada falta de lo inerte, pero falta por completo lo semoviente.

En tanto, los libros de Stendhal y Dostoievsky conquistan más y más la preferencia. En Alemania comienza el culto de Hebbel. ¿De qué nueva sensibilidad es todo esto síntoma?

Yo creo que esta transformación del gusto literario no sólo cronológicamente se relaciona con la curiosidad incipiente en las artes plásticas hacia el barroco. La admiración solía durante el pasado siglo detenerse en Miguel Ángel como en el confín de un prado ameno y una ferocísima selva. El barroco atemorizaba; era el reino de la confusión y del mal gusto. Por medio de un rodeo, la admiración evitaba la selva e iba a apearse de nuevo al otro extremo de ella, donde con Velázquez parecía volver la naturalidad al gobierno de las artes.

No dudo de que efectivamente haya sido el barroco un estilo de rebuscada complejidad. Faltan en él las claras cualidades que otorgan a la época precedente el rango de clásica. Ni por un momento voy a intentar la reivindicación en bloque de esta etapa artística. Entre otras cosas, porque no se sabe aún bien qué es, no se ha hecho su anatomía ni su fisiología.

Sea de ello lo que quiera, acontece que cada día aumenta el interés por el barroco. Ya no necesitaría Burckhardt, el *Cicerone,* disculparse de estudiar las obras seiscentistas. Sin haber llegado todavía a un distinto análisis de sus elementos, algo nos atrae y satisface en el estilo barroco que encontramos asimismo en Dostoievsky y Stendhal.

Dostoievsky, que escribe en una época preocupada de realismo, parece como si se propusiera no insistir en lo material de sus personajes. Tal vez cada uno de los elementos de la novela considerado aisladamente pudiera parecer real, pero Dostoievsky no acentúa esta su realidad. Al contrario, vemos que en la unidad de la novela pierden toda importancia y que el autor los usa como puntos de resistencia donde toman su vuelo unas pasiones. Lo que a él le interesa es producir en el ámbito interno a la obra un puro dinamismo, un sistema de afectos tirantes, un giro tempestuoso de los ánimos. Léase *El idiota.* Allí aparece un joven que llega de Suiza, donde ha vivido desde niño encerrado en un sanatorio. Un ataque de imbecilidad infantil borró de su conciencia cuanto en ella había. En el sanatorio —limpia atmósfera de fanal— ha construido el pío médico sobre su sistema nervioso, como sobre unos alambres, la espiritualidad estrictamente necesaria para penetrar en el mundo moral. Es, en rigor, un perfecto niño dentro del marco muscular de un hombre. Todo esto, llevado a no escasa inverosimilitud, sirve de punto de partida a Dostoievsky; mas cuando acaba la cuestión de realismo psicológico empieza su labor la musa del gran eslavo. M. Bourget se detendría principalmente a describir los componentes de la ingenuidad. A Dostoievsky le trae ésta sin cuidado, porque es una cosa del mundo exterior y a él sólo le importa el mundo exclusivamente poético que va a suscitarse dentro de la novela. La ingenuidad le sirve para desencadenar en una sociedad de personajes análogos un torbellino sentimental. Y todo lo que en sus obras no es torbellino está allí sólo como pretexto a un torbellino. Parece como si el genio dolorido y reconcentrado tirase del velo que decora las apariencias y viéramos de pronto que la vida consiste en unos como vórtices o ráfagas, o torrentes elementales que arrastran en giros dantescos a los individuos; y esas corrientes son la borrachera, la avaricia, la amencia, la abulia, la ingenuidad, el erotismo, la perversión, el miedo.

Aun hablar de esta manera es hacer intervenir demasiado la realidad en la estructura de estos pequeños orbes poéticos. Avaricia e ingenuidad son movimientos; pero, al cabo, movimientos de las almas reales y podría creerse que la intención de Dostoievsky era describir la realidad de los movimientos psíquicos, como otros lo han hecho con las quietudes. Claro es que con alguna sustancia real tiene que representar el poeta sus ideales objetos, pero el estilo de Dostoievsky consiste precisamente en no retenernos a contemplar el material empleado y colocarnos, desde luego, frente a puros dinamismos. No la ingenuidad en la ingenuidad, sino lo que de movimiento vivaz hay en ella, constituye su objetividad poética en *El idiota*. Por eso, la más exacta definición de una novela de Dostoievsky sería dibujar con el brazo impetuosamente una elipse en el aire.

¿Y qué otra cosa, sino esto son ciertos cuadros de Tintoretto? Y, sobre todo, ¿qué otra cosa es *el Greco*? Los lienzos del griego heteróclito se yerguen ante nosotros como acantilados verticales de unas costas remotísimas. No hay artista que facilite menos el ingreso a su comarca interior. Carece de puente levadizo y de blandas laderas. Sin que lo sintamos, Velázquez hace llegar sus cuadros bajo nuestras plantas, y antes de pensarlo nos hallamos dentro. Pero este arisco cretense, desde lo alto de su acantilado, dispara dardos de desdén y ha conseguido que durante siglos no atraque en su territorio barco alguno. El que ahora se haya transformado en un concurrido puerto comercial creo que es síntoma no despreciable de la nueva sensibilidad barroquista.

Pues bien: de una novela de Dostoievsky nos trasladamos insensiblemente a un cuadro de *el Greco*. Aquí encontramos también la materia tratada como pretexto para que un movimiento se dispare. Cada figura es prisionera de una intención dinámica; el cuerpo se retuerce, ondea y vibra de la manera que un junco acometido del vendaval. No hay un milímetro de corporeidad que no entre en convulsión. No sólo las manos hacen gestos; el organismo entero es un gesto absoluto. En Velázquez nadie se mueve; si algo puede tomarse por un gesto es siempre un gesto detenido, congelado, una *pose*. Velázquez pinta la materia y el poder de la inercia. De aquí que en su pintura sea el terciopelo verdadera materia de terciopelo, y el raso raso, y la piel protoplasma. Para *el Greco* todo se convierte en gesto, en *dynamis*.

Si de una figura pasamos a un grupo, nuestra mirada es sometida a participar en una vertiginosa andanza. Ora es el cuadro una rauda espiral, ora una elipse o una ese. Buscar verosimilitud en *el Greco* es —nunca más oportuna la frase— buscar cotufas en golfo. Las formas de las cosas son siempre las formas de las cosas quietas, y *el Greco* persigue sólo movimientos. Podrá el espectador malhumorado volver la espalda al *perpetuum mobile* que está preso en el lienzo, pero no se obstine en arrojar del panteón artístico al pintor. *El Greco,* sucesor de Miguel Angel, es una cima del arte dinámico que, cuando menos, equivale al arte de lo estático. También las obras de aquél producían en las gentes un como espanto y desasosiego que expresaban hablando de la *terribilità* del Buonarrotti. Un poder de violencia y literalmente arrebatador había éste desencadenado sobre el mármol y los muros inertes. Todas las figuras del florentín tenían, como dice Vasari, *un maraviglioso gesto di muoversi.*

El giro es inmejorable; en esto consiste lo que hoy, y, por lo pronto, nos interesa más del arte barroco. La nueva sensibilidad aspira a un arte y a una vida que contengan un maravilloso gesto de moverse[1].

España, 12 agosto 1915.

---

[1] [Véase en las *Meditaciones del Quijote,* en la edición de esta Colección, el ensayo del que es parte este artículo.]

I[1]

A principio de este verano se encontraron un día
Baroja y *Azorín* en una librería de Bayona. *Azorín* venía
de San Sebastián, Pío Baroja de su casa de Vera.
Baroja, temperamento siempre fronterizo, habita un
viejo solar que es la última habitación de la Península
en su linde con Francia. *Azorín* traspone ésta con
frecuencia y va a San Juan de Luz, Biarritz o Bayona.
Dondequiera que vaya se le ve recalar en alguna
librería, porque *Azorín* sólo va donde las hay. Viaja por
ver libros. Baroja se desplaza con mayor facilidad, y
aunque fondea también en las librerías que le salen al
paso, su propósito es más bien el de ver gente.

Azorín cultiva cada vez más la soledad. Tanto que esta
su soledad no consiste ya simplemente en que se halle sin
nadie al lado, sino que se ha convertido en una realidad,
en un cuerpo transparente y sólido, en un caparazón
cristalino que llevase en torno de su persona. Cuando
alguien le habla se sorprende e inquieta como si de súbito

---

[1] [No tuvo continuación.]

le hubieran quebrado la vidriera de soledad circundante, o mejor, como si viviendo en una dimensión inusitada, sintiese que de pronto algún ser de nuestro mundo habitual se filtraba mágicamente en el suyo exclusivo. Ello es que nuestro *Azorín* emerge ante el interlocutor asombrado y trémulo como el pez extraído de su «acuarium». La persona de este admirable y perdurable escritor, que encantó con sus violetas literarias nuestra mocedad, va tomando un exquisito aspecto de ausencia y lejanía, de espectral inexistencia, y recuerda esos maravillosos cuadros de China que el tiempo ha cubierto con un velo fluido al través del cual sus paisajes, sus pabellones, sus mandarines nos aparecen como sumergidos en el fondo de un mar misterioso y profundo.

De este mágico abismo hizo ascender Baroja a *Azorín,* dándole suavemente un golpe sobre el hombro. De la conversación que tuvieron nos interesa lo siguiente:

—Acabo de leer en el tren —dijo Baroja— su artículo «El campo del arte», donde define usted su actitud frente al arte nuevo.

—Y qué, ¿no está usted de acuerdo?

—No puedo decir que no esté de acuerdo. Lo que me pasa es que no lo entiendo.

—¿No está claro lo que digo?

—Claro lo es usted siempre, *Azorín.* Mejor dicho, es usted la claridad misma. Pero este es el inconveniente. Cuando no se trata de cosas y personas concretas, cuando se plantea usted temas generales y en vez de manejar colores, imágenes, sentimientos, camina usted entre ideas, envuelve usted las cuestiones en una claridad tal que quedan ocultas por ella. Vemos la claridad de usted, pero no conseguimos ver claras las cosas. Es usted pura luz, y para que se vea algo hace falta siempre alguna sombra.

—Antes no hablaba usted así, Baroja. Esta manera eutrapélica de producirse la ha adquirido usted practicando a las duquesas.

—Es posible que me haya quedado esa adherencia de mi fugaz trato con las duquesas. Pero mi impresión es más bien contraria. Las duquesas, que son, a veces, capaces de impertinencias, se hallan casi siempre exentas de ironía. Hoy no existe ironía en el mundo. Y se comprende. La ironía consiste en tener una personalidad efectiva sobre la cual se da uno el lujo de armar otra ficticia, inventada por uno mismo. Esto sólo puede permitírselo quien sienta muy segura socialmente su personalidad real, ¿y hay quien esté seguro de lo que es socialmente? Las duquesas, menos que nadie. No saben qué hacer, las más discretas, si tomarse en serio como duquesas o comportarse como si no lo fueran. Les pasa como a nosotros, los escritores. Empezamos a sentir que la literatura no es ya un poder social, una magistratura; pero la gente todavía se pone a mirarnos, como a las jirafas del jardín zoológico. Esta duda radical que cada cual siente hoy sobre lo que es dentro de la arquitectura social constituye una de las enfermedades de la época.

Sería un error creer que esta vacilación respecto al significado social de nuestra persona sólo perturba al vanidoso. Cada gesto que hagamos, cada palabra que pronunciemos parte de un punto del volumen social —aquel que ocupamos— y va a parar a otros. Cuando desconocemos el punto en que nos hallamos no nos es posible determinar si nuestro gesto debe ir hacia arriba o hacia abajo, a la derecha o a la izquierda, ni si el público que nos escucha está lejos o está cerca y debemos gritar o musitar. En otros tiempos, el coeficiente social de cada hombre era cosa inequívoca que adquiría, inclusive, plástica evidencia en el uniforme adscrito a cada clase y oficio. ¡Vaya usted a saber cuál es hoy el papel de un escritor en la arquitectura social! No sabe uno si adoptar el gesto crispado de las gárgolas o poner la sonrisa estúpida de una cariátide, o, en fin, contentarse con ser un baldosín. ¿Cómo quiere usted que se entretenga en ironizar nadie cuando está expuesto a verse convertido en baldosín del prójimo? Todas las energías, y más que hubiera, las gasta cada cual en afirmar y defender su personalidad efectiva.

—Con todo esto se ha olvidado usted de mi artículo.

—Aquí lo tengo. Dice usted.

«La humanidad es muy vieja. No sé lo que se entiende por arte nuevo. La estética es tan vieja como la humanidad. De cuando en cuando se habla de renovación del arte. En realidad, las tales renovaciones son cosas superficiales. La esencia del arte no cambia. Como un artista no puede dejar de hacer lo que ya ha hecho, la humanidad no puede tampoco darse formas de arte distintas de las que ya se ha dado. Un pintor podrá, por ejemplo, esforzarse en encontrar una pintura nueva; cien pintores en todo el mundo podrán luchar para pintar de modo distinto a como han pintado sus antecesores. Los esfuerzos de todos serán inútiles. Tendrán que dibujar y emplear el color. No harán otra cosa que lo que hicieron, en las paredes de las cavernas, milenarios antecesores de esos artistas de ahora. La humanidad es vieja y ha hecho todo cuanto tenía que hacer. De cuando en cuando, a lo largo del tiempo, artistas y literatos imaginan que van a poder salir del círculo inflexible en que están encerrados. Ese círculo son las leyes de la materia y las normas perdurables del espíritu. Intentan esos literatos y artistas escribir y pintar como antes no se había escrito ni pintado. Y sus esfuerzos son inútiles. Al traspasar las fronteras de la experiencia secular y de las leyes de la materia, caen fuera de los términos del arte mismo que desean renovar. El círculo en que la humanidad está encerrada es inflexible. Para hacer otro arte, para crear otra estética sería necesario crear otro mundo, hacer otra cosa que no fuera la materia y otra cosa que no fuera el espíritu.»

—¿No le parece a usted claro?

—Ya le he dicho que me parece demasiado claro. Dice usted que las «renovaciones del arte son cosas superficiales. La esencia del arte no cambia». Se me ocurre pensar que una de las cosas más esenciales en el arte es el estilo. Ahora bien: las renovaciones son cambios de estilo. ¿Cómo puede usted llamarlas superficiales? ¿Le parece a usted floja la diferencia entre una catedral gótica y el Partenón o entre una Pirámide y un pabellón Luis XV, o entre el dibujo geométrico de Creta y *Las Meninas*?

—Pero siempre el pintor tendrá que dibujar y emplear el color.

—Pero, ¿es eso la esencia del arte pictórico? Yo creía que eran dibujo y color más bien los medios, los materiales de la pintura. Para usted sólo habría una renovación no superficial del arte literario cuando dejase éste de usar vocablos. Me parece que se pasa usted un poco, amigo *Azorín.*

—El arte es eterno.

—Un amigo mío de Vera, cuando oye que alguien dice palabras más sonoras que nutridas, suele exclamar: «¡Todo eso es carrocería!» A mí esa eternidad del arte me parece también pura carrocería. Pongamos un poco menos que eterno. No sé quién preguntó una vez a Galileo si el Sol era eterno, y Galileo, supongo que sonriendo, respondió: *Eterno, non, ma ben antico.*

—En el fondo la literatura ha sido siempre lo mismo.

—¡Claro! En la primera mitad del siglo XIX hubo un poeta español, no recuerdo cuál, que compuso su «Oda al Sol», la cual empieza así:

¡Para y óyeme, oh Sol, yo te saludo!

En cambio, usted comienza uno de los capítulos de *La ruta de Don Quijote*: «Yo no he conocido jamás hombres más discretos, más amables, más sencillos que estos buenos hidalgos don Cándido, don Luis, don Francisco, don Juan Alfonso y don Carlos.» Entre uno y otro comienzo, ¿no encuentra usted tampoco más que diferencias superficiales? Usa usted, amigo *Azorín,* de unas superficies muy gordas.

—¡Sutilezas! La materia y el espíritu serán siempre lo que han sido.

—Yo no sé muy bien qué sea materia ni qué sea espíritu; pero me parece que lo característico de la vida es la aparición súbita de especies nuevas. En mi huerta se plantaron hace años unas habichuelas: cosecha tras cosecha venían siendo iguales. Pero hace un par de ellos aparecieron de pronto unas habichuelas punteadas que se han ido propagando a costa de las antiguas. ¿Por qué no pensar que las generaciones son cosechas humanas y que de pronto en una de ellas aparece una mutación?

—¡De Vries!

—En efecto, sería urgente un Hugo de Vries que botanizase en la historia. Debe usted leer las conferencias que dio hace dos años en las «Clifford Lectures» el gran biólogo norteamericano Lloyd Morgan sobre lo que él llama «evolución emergente», es decir, evolución con súbitas y originales emergencias. Así se explicarían los cambios súbitos de gustos artísticos. Usted y yo, habichuelas sin puntos, asistimos ahora al advenimiento de una literatura punteada.

—¡Guiso igual!

—¡No, el guiso no es igual; lo que será igual seguramente es la indigestión.

—El círculo en que la humanidad está encerrada es inflexible.

—Yo no veo ese círculo. ¡Cualquiera diría que la humanidad se ha muerto ya totalmente varias veces y ha vuelto a nacer para morir, según idéntico programa! El círculo humano no se ha trazado aún. Este es el error capital que hallo en el libro de Spengler, ahora tan en boga. Yo no lo he leído, pero lo he hojeado y me parece que esas semejanzas cíclicas encontradas por el autor en el desarrollo de diversas culturas, aun suponiendo que sean ciertas, no contradicen una evolución de la humanidad hacia estados siempre nuevos. Comete este alemán el mismo error que usted cuando supone que el arte siempre ha sido el mismo. ¡Claro está! Siempre es posible hallar en dos cosas alguna nota tan formal, tan abstracta o tan intrínseca que sea común a ambas, aunque, en rigor, se diferencien en todo lo demás. Los caballos y las ostras se parecen en que no se suben a los árboles. La época del Imperio romano y la nuestra pueden parecerse en muchas cosas, y, sin embargo, ser distintas, preparar un porvenir muy diverso. Lo importante no es hallar semejanza, sino probar que no existen diferencias de monta.

El Sol, 26 octubre 1924.

SOBRE EL PUNTO DE VISTA
EN LAS ARTES

PRIMERA PARTE[1]

I

La Historia, cuando es lo que debe ser, es una elaboración de *films*. No se contenta con instalarse en cada fecha y ver el paisaje moral que desde ella se divisa, sino que a esa serie de imágenes estáticas, cada una encerrada en sí misma, sustituye la imagen de un movimiento. Las «vistas» antes discontinuas aparecen ahora emergiendo unas de otras. continuándose sin intermisión unas en otras. La realidad, que un momento pareció consistir en una infinidad de hechos cristalizados, quietos en su congelación, se liquida, mana y toma un andar fluvial. La verdadera realidad histórica no es el dato, el hecho, la cosa, sino la evolución que con esos materiales fundidos, fluidificados, se construye. La Historia moviliza, y de lo quieto nace lo raudo.

---

[1] [No tuvo continuación.]

En el museo se conserva a fuerza de barniz el cadáver de una evolución. Allí está el flujo del afán pictórico que siglo tras siglo ha brotado del hombre. Para conservar esta evolución ha habido que deshacerla, triturarla, convertirla de nuevo en fragmentos y congelarla como en un frigorífico. Cada cuadro es un cristal de aristas inequívocas y rígidas separado de los demás, isla hermética.

Y, sin embargo, no sería difícil resucitar el cadáver. Bastaría con colocar los cuadros en un cierto orden y resbalar la mirada velozmente sobre ellos —y si no la mirada, la meditación. Entonces se haría patente que el movimiento de la pintura, desde Giotto hasta nuestros días, es un gesto único y sencillo, con su comienzo y su fin. Sorprende que una ley tan simple haya dirigido las variaciones del arte pictórico en nuestro mundo occidental. Y lo más curioso, lo más inquietante es la analogía de esta ley con la que ha regido los destinos de la filosofía europea. Este paralelismo entre las dos labores de cultura más distantes permite sospechar la existencia de un principio general aún más amplio que ha actuado en la evolución entera del espíritu europeo. Yo no voy a alargar la aventura hasta ese remoto arcano, y me contento, por el pronto, con interpretar el gesto de seis siglos que ha sido la pintura de Occidente.

III

El movimiento supone un móvil. ¿Quién se mueve en la evolución de la pintura? Cada cuadro es una instantánea en que aparece detenido el móvil. ¿Cuál es éste? No se busque una cosa muy complicada. Quien varía, quien se desplaza en la pintura y con sus desplazamientos produce la diversidad de aspectos y estilos, es simplemente el punto de vista del pintor.

Es natural que sea así. La idea abstracta es ubicua. El triángulo isósceles, pensado en Sirio y en la Tierra, presenta idéntico aspecto. En cambio, toda imagen sensible arrastra el sino inexorable de su localización, es decir, que la imagen nos presenta algo visto desde un punto de vista determinado. Esta localización de lo sensible puede ser estricta o vaga, pero no puede faltar. La aguja de la torre, la vela marina se nos presentan a una distancia que evaluamos con práctica exactitud. La luna o la faz azul del cielo, en una lejanía esencialmente imprecisa, pero muy característica en su imprecisión. No podemos decir que se hallen a tantos y cuantos kilómetros; su localización en lontananza es vaga, pero esta vaguedad no significa indeterminación.

Sin embargo, no es la *cantidad* geodésica de distancia lo que influye decisivamente en el punto de vista del pintor, sino la *cualidad* óptica de esa distancia. Cerca y lejos, que métricamente son caracteres relativos, pueden tener un valor absoluto para los ojos. En efecto, la *visión próxima* y la *visión lejana* de que habla la fisiología no son nociones que dependan principalmente de factores métricos, sino que son más bien dos modos distintos de mirar.

IV

Si tomamos un objeto cualquiera, un búcaro, por ejemplo, y lo acercamos suficientemente a nuestros ojos, éstos convergen sobre él. Entonces el campo visual adopta una peculiar estructura. En el centro se halla el objeto favorecido, fijado por nuestra mirada; su forma aparece clara, perfectamente definida, con todos sus detalles. En torno de él, hasta el borde del campo visual, se extiende una zona que no miramos y, sin embargo, vemos con una visión indirecta, vaga, desatenta. Todo lo que cae dentro de esta zona aparece situado detrás del objeto; por esto decimos que es su «fondo». Pero, además, todo ello se presenta borroso, apenas recognoscible, sin forma acusada, más bien reducido a confusas masas de color. Si no se tratase de cosas habituales no podríamos decir qué son propiamente las que vemos en esta visión indirecta.

La visión próxima, pues, organiza el campo visual imponiéndole una jerarquía óptica: un núcleo central priviliegiado se articula sobre un área cincundante. El objeto cercano es un héroe lumínico, un protagonista que se destaca sobre una «masa», una plebe visual, un coro cósmico en torno.

Compárese con esto la visión lejana. En vez de fijar algún objeto próximo, dejemos que la mirada quieta, pero libre, prolongue su rayo de visión hasta el límite del campo visual. ¿Qué hallamos entonces? La estructura de los elementos jerarquizados desaparece. El campo ocular es homogéneo; no se ve una cosa mejor y el resto confusamente, sino que todo se presenta sumergido en una democracia óptica. Nada posee un perfil rigoroso, todo es fondo, confuso, casi informe. En cambio, a la dualidad de la visión próxima ha sucedido una perfecta unidad de todo el campo visual.

V

A estas diferencias en el modo de mirar es preciso agregar otra más importante.

Al mirar de cerca el búcaro, el rayo visual choca con la parte más prominente de su panza. Luego, como si este choque lo hubiese quebrado, el rayo se dilacera en múltiples tentáculos que resbalan por los flancos de la vasija y parecen abrazar su rotundidad, tomar posesión de ella, subrayarla. Ello es que el objeto visto de muy cerca adquiere esa indefinible corporeidad y solidez propias del volumen lleno. Lo vemos de «bulto», convexo. En cambio, ese mismo objeto colocado al fondo, en visión lejana, pierde esa corporeidad, esa solidez y plenitud. Ya no es un volumen compacto, claramente rotundo, con su prominencia y sus curvos flancos; ha dejado de ser un «bulto» y se ha hecho más bien una superficie insólita, un espectro incorpóreo compuesto sólo de luz.

La visión próxima tiene un carácter táctil. ¿Qué misteriosa resonancia del tacto conserva la mirada cuando converge sobre un objeto cercano? No tratemos ahora de violar este misterio. Es suficiente que advirtamos esa densidad casi táctil que el rayo ocular tiene y le permite, en efecto, abrazar, palpar el búcaro. A medida que el objeto se aleja, la mirada pierde su virtud de mano y se va haciendo pura visión. Paralelamente, las cosas, al distanciarse, dejan de ser volúmenes plenos, duros, compactos, y se vuelven meros entes cromáticos, sin resistencia, solidez ni convexidad. Un hábito milenario, fundado en necesidades vitales, hace que el hombre no considere como «cosas», en estricto sentido, más que aquellos objetos, cuya solidez ofrece resistencia a sus manos. El resto es más o menos fantasma. Pues bien: al pasar un objeto de la visión próxima a la lejana, se fantasmagoriza. Cuando la distancia es mucha, allá en el confín de un remoto horizonte —un árbol, un castillo, una serranía—, todo adquiere el aspecto casi irreal de apariciones ultramundanas.

VI

Una última y decisiva observación.

Cuando a la visión próxima oponemos la lejana, no queremos decir que en ésta miremos un objeto más distante que en la primera. Mirar significa aquí, taxativamente, hacer converger los dos rayos oculares sobre un punto, que, gracias a ello, queda favorecido, ópticamente privilegiado. En la visión lejana no miramos ningún punto, antes bien, intentamos abarcar la totalidad de nuestro campo visual, incluso sus bordes. A este fin, evitamos en lo posible la convergencia. Y, entonces, nos sorprende advertir que el objeto ahora percibido —el conjunto de nuestro campo visual— es cóncavo. Si estamos en una habitación, la concavidad termina en la pared fronteriza, en el techo, en el suelo. Este término o límite es una superficie que tiende a tomar la forma de una semi-esfera mirada por dentro. Pero, ¿dónde empieza la concavidad? No hay lugar a duda: empieza en nuestros ojos mismos.

De donde resulta que lo que vemos en la visión lejana es un hueco como tal. El contenido de nuestra percepción no es propiamente la superficie en que el hueco termina, sino todo este hueco, desde nuestro globo ocular hasta la pared o hasta el horizonte.

Esta advertencia nos obliga a reconocer la siguiente paradoja: el objeto que vemos en la visión lejana no está más distante de nosotros que el visto en proximidad, sino al revés, más cercano, puesto que comienza en nuestra córnea. En la pura visión a distancia, nuestra atención, en vez de proyectarse más lejos, se ha retraído a lo absolutamente próximo, y el rayo visual, en vez de chocar en la convexidad de un cuerpo sólido y quedar en ella fijo, penetra un objeto cóncavo, se desliza por dentro de un hueco.

VII

Pues bien, a lo largo de la historia artística europea, el punto de vista del pintor ha ido cambiando desde la visión próxima a la visión lejana, y paralelamente, la pintura, que empieza en Giotto por ser pintura de bulto, se torna pintura de hueco.

Esto quiere decir, que la atención del pintor sigue un itinerario de desplazamiento nada caprichoso. Primero se fija en el cuerpo o volumen del objeto, luego, en lo que hay entre el cuerpo y la pupila, es decir, en el hueco. Y como éste se halla delante de los cuerpos, resulta que el itinierario de la mirada pictórica es un retroceso de lo distante —aunque cercano— hacia lo inmediato al ojo.

Según esto, la evolución de la pintura occidental consistiría en un retraimiento desde el objeto hacia el sujeto pintor.

El lector puede comprobar por sí mismo esta ley que rige el movimiento del arte pictórico recorriendo cronológicamente la historia de la pintura. En lo que sigue me limito a algunos ejemplos que son como estaciones del general itinerario.

VIII

El *Quattrocento*. Flamencos e italianos cultivan con frenesí la pintura de bulto. Diríase que pintan con las manos. Cada objeto aparece con inequívoca solidez, corpóreo, tangible. Lo recubre una piel pulimentada, sin poros ni nieblas, que parece deleitarse en acusar su volumen rotundo. No hay diferencia en el modo de tratar las cosas en el primer plano y en el último. El artista se contenta con representar más pequeño lo lejano que lo próximo, pero pinta del mismo modo lo uno que lo otro. La distinción de planos es, pues, meramente abstracta y se obtiene por pura perspectiva geométrica. Pictóricamente, todo en estos cuadros es primer plano, es decir, todo está pintado desde cerca. La menuda figura, allá en la lejanía, es tan completa, redonda y destacada como las principales. Parece como si el pintor hubiese ido hasta el lugar distante donde se halla y lo hubiese pintado, de cerca, lejos.

Mas es imposible ver a la vez de cerca varias cosas. La mirada próxima tiene que ir desplazándose de una en otra para hacerlas, sucesivamente, centro de la visión. Esto quiere decir, que el punto de vista en el cuadro primitivo no es uno, sino tantos como objetos hay en él. El cuadro no está pintado en unidad, sino en pluralidad. Ningún trozo hace relación a otro; cada cual es perfecto y aparte. De aquí que el más claro síntoma para conocer si un cuadro pertenece a una u otra tendencia —pintura de bulto o pintura de hueco— sea tomar un trozo y ver si, aislado, se basta para representar con plenitud algo. En un lienzo de Velázquez, por el contrario, cada pedazo contiene sólo vagas formas monstruosas.

El cuadro primitivo es, en cierto modo, la adición de muchos pequeños cuadros, cada cual independiente y pintado desde un punto de vista próximo. El pintor ha dirigido una mirada exclusiva y analítica a cada uno de los objetos. De aquí proviene la divertida riqueza de estes tablas cuatrocentistas. Nunca acabamos de verlas. Siempre descubrimos un nuevo cuadrito interior en que no habíamos reparado. En cambio, excluyen una contemplación de conjunto. Nuestra pupila tiene que peregrinar paso a paso por la superficie pintada, demorando en los mismos puntos de vista que el pintor tomó sucesivamente.

IX

Renacimiento. La visión próxima es exclusivista, puesto que aprehende cada objeto por sí y lo separa del resto. Rafael no modifica este punto de vista, pero introduce en el cuadro un elemento abstracto que le proporciona cierta unidad: la composición o arquitectura. Sigue pintando cosa por cosa lo mismo que un primitivo; su aparato ocular funciona según el mismo principio. Mas en lugar de reducirse ingenuamente, como aquél, a pintar lo que ve según lo ve, somete todo a una fuerza extranjera: la idea geométrica de la unidad. Sobre las formas analíticas de los objetos cae, imperativa, la forma sintética de la composición, que no es forma visible de objeto, sino puro esquema racional. (Lo mismo Leonardo, por ejemplo, en sus cuadros triangulares.)

La pintura de Rafael no nace tampoco ni puede ser contemplada desde un punto de vista único. Pero existe ya en ella el postulado racional de la unificación.

X

Transición. Si caminamos de los primitivos y el Renacimiento hacia Velázquez, hallaremos en los venecianos, pero sobre todo en Tintoretto y *el Greco,* una estación intermedia. ¿Cómo definirla?

En Tintoretto y *el Greco* confinan dos épocas. De aquí la inquietud, el desasosiego que estremece la obra de ambos. Son los últimos representantes de la pintura de bulto que sienten ya los problemas futuros del hueco, sin acometerlos debidamente.

Desde su iniciación el arte veneciano propende a una visión lejana de las cosas. En Giorgione y en Tiziano los cuerpos quisieran perder su apretada solidez y flotar como nubes, cendales y materias fundentes. Sin embargo, falta resolución para abandonar el punto de vista próximo y analítico. Durante cien años forcejean ambos principios, sin victoria definitiva de ninguno. Tintoretto es una manifestación extrema de este combate interior en que ya casi va a vencer la visión lejana. En los cuadros de El Escorial construye grandes espacios vacíos. Mas para tal empresa necesita apoyarse en perspectivas arquitectónicas como en muletas. Sin aquellas columnatas y cornisas que huyen hacia el fondo, el pincel de Tintoretto se caería en el abismo de lo hueco que aspiraba a crear.

El Greco significa más bien un retroceso. Yo creo que se ha exagerado su modernidad y su cercanía a Velázquez. A *el Greco* le sigue importando, sobre todo, el volumen. La prueba de ello es que puede valer como el último gran escorcista. No basta el vacío; perdura en él la intención de lo corpóreo, del volumen lleno. Mientras Velázquez, en *Las Meninas* y *Las Hilanderas,* amontona a derecha e izquierda las figuras, dejando más o menos libre el espacio central —como si éste fuera el verdadero protagonista—, *el Greco* hacina sobre todo el lienzo masas corporales que desalojan por completo el aire. Sus cuadros suelen estar atestados de carne.

Y, sin embargo, lienzos como *La Resurrección, El Crucificado* (Prado) y *La Pentecostés* plantean con una rara energía problemas de profundidad.

Pero es un error confundir la pintura de profundidad con la de hueco o vacía concavidad. Aquélla no es, sino una manera más sabia de acusar el volumen. Esta, en cambio, es una inversión total de la intención pictórica.

Lo que sí acontece en *el Greco* es que el principio arquitectónico se ha apoderado completamente de los objetos representados y los ha sometido con sin par violencia a su esquema ideal. De esta suerte, la visión analítica, que busca el volumen favoreciendo con exclusividad cada figura, queda mediatizada y como neutralizada por la intención sintética. El esquema de dinamismo formal que reina sobre el cuadro le impone unidad y permite un pseudo-punto de vista único.

Además, apunta ya en *el Greco* otro elemento unificador: el claroscuro.

XI

Los claroscuristas. La composición de Rafael, el esquema dinámico de *el Greco,* son postulados de unidad que el artista arroja sobre su cuadro, pero nada más. Cada cosa en el lienzo sigue afirmando su volumen y, *consiguientemente,* su independencia y particularismo. Son, pues, aquéllos unificaciones del mismo linaje abstracto que la perspectiva geométrica de los primitivos. Oriundos de la razón pura, no se muestran capaces de informar por entero la materia del cuadro, o, dicho de otro modo, no son principios pictóricos. Cada trozo de la obra está pintado sin su intervención.

Frente a ellos significa el claroscuro una innovación radical y más profunda.

Mientras la pupila del pintor busca el cuerpo de las cosas, los objetos que habitan el área pintada reclamarán, cada uno para sí, un punto de vista exclusivo y privilegiado. El cuadro poseerá una constitución feudal donde cada elemento hará valer sus derechos personales. Pero he aquí que entre ellos se desliza un nuevo objeto dotado de un poder mágico que le permite, más aún, que le obliga a ser ubicuo y ocupar todo el lienzo sin necesidad de desalojar a los demás. Este objeto mágico es la luz. Es ella una y única en toda la composición. He aquí un principio de unidad que no es abstracto, sino real, una cosa entre las cosas y no una idea ni un esquema. La unidad de iluminación o claroscuro impone un punto de vista único. El pintor tiene que ver el conjunto de su obra inmerso en el amplio objeto luz.

Esto son Ribera, Caravaggio y Velázquez mozo (*Adoración de los Reyes*). Aún se busca la corporeidad según el uso recibido. Pero ya no interesa primordialmente. El objeto por sí empieza a ser desatendido y a no tener otro papel que servir de sostén y fondo a la luz sobre él. Se persigue la trayectoria de la luz, insistiendo en su resbalar sobre el haz de los volúmenes, de los bultos.

¿Se advierte claramente el desplazamiento del punto de vista que esto implica? El Velázquez de la *Adoración de los Reyes* no se *fija* ya en el cuadro como tal, sino *en su superficie,* donde la luz choca y se refleja. Ha habido, pues, un retraimiento de la mirada, que deja de ser mano y suelta la presa del cuerpo redondo. Ahora el rayo visual se detiene donde el cuerpo comienza y la luz cae fúlgida; de allí va a buscar otro lugar de otro objeto cualquiera donde vibra pareja intensidad de iluminación. Se ha producido una mágica solidaridad y unificación de todos los trozos *claros* frente a los *oscuros*. Las cosas por su forma y condición más dispares resultan ahora equivalentes. La primacía individualista de los objetos acaba. Ya no interesan por sí mismos y empiezan a no ser más que pretexto para otra cosa.

XII

Velázquez. Merced al claroscuro, la unidad del cuadro se hace interna a él y no meramente obtenida por medios extrínsecos. Sin embargo, bajo la luz continúan latiendo los volúmenes. La pintura de bulto persiste tras el velo refulgente de la iluminación.

Para triunfar de este dualismo era menester que sobreviniese algún genial desdeñoso resuelto a desinteresarse por completo de los cuerpos, a negar sus pretensiones de solidez, a aplastar sus bultos petulantes. Este genial desdeñoso fue Velázquez.

El primitivo, enamorado del cuerpo objetivo, va a buscarlo afanoso con su mirada táctil, lo palpa, lo abraza conmovido. El claroscurista, ya más tibio corporalista, hace que su rayo visual camine, como por un carril, por el rayo de luz que emigra de cosa en cosa. Velázquez, con una audacia formidable, ejecuta el primer acto de desdén llamado a suscitar toda una nueva pintura: detiene su pupila. Nada más. En esto consiste la gigantesca revolución.

Hasta entonces, la pupila del pintor había girado ptolomeicamente en torno a cada objeto siguiendo una órbita servil. Velázquez resuelve fijar despóticamente el punto de vista. Todo el cuadro nacerá de un solo acto de visión, y las cosas habrán de esforzarse por llegar como puedan hasta el rayo visual. Se trata, pues, de una revolución copernicana, pareja a la que promovieron en filosofía Descartes, Hume y Kant. La pupila del artista se erige en centro del cosmos plástico y en torno a ella vagan las formas de los objetos. Rígido el aparato ocular, lanza su rayo visor, recto, sin desviación a uno y otro lado, sin preferencia por cosa alguna. Cuando tropieza con algo no se fija en ello y, consecuentemente, queda el algo convertido, no en cuerpo redondo, sino en mera superficie que intercepta la visión[1].

El punto de vista se ha retraído, se ha alejado del objeto, y de la visión próxima hemos pasado a la visión lejana, que, en rigor, es aún más próxima que aquélla. Entre los cuerpos y la pupila se intercala el objeto más inmediato: el hueco, el aire. Flotando en el aire, convertidas en gases cromáticos, en flámulas informes, en puros reflejos, las cosas han perdido su solidez y su dintorno. El pintor ha echado su cabeza atrás, ha entornado los párpados y entre ellos ha triturado la forma propia de cada objeto, reduciéndolo a moléculas de luz, a puras chispas de color. En cambio, su cuadro puede ser mirado desde un solo punto de vista, en totalidad y de un golpe.

La visión próxima disocia, analiza, distingue —es feudal. La visión lejana sintetiza, funde, confunde —es democrática. El punto de vista se vuelve sinopsis. La pintura de bulto se ha convertido definitivamente en pintura de hueco.

XIII

Impresionismo. No es necesario decir que en Velázquez perduran los principios moderadores del Renacimiento. La innovación no aparece en todo su radicalismo hasta los impresionistas y neoimpresionistas.

Las premisas formuladas en los primeros párrafos parecían anunciar que cuando llegásemos a la pintura de hueco la evolución habría terminado. El punto de vista, haciéndose, de múltiple y próximo, único y lejano, parece haber agotado su posible itinerario. No

---

[1] Si miramos una esfera vacía desde el exterior, veremos un volumen sólido. Si entramos en ella, veremos en torno nuestro una superficie que limita el hueco interior.

hay tal. Ya veremos que aún puede retraerse más hacia el sujeto. De 1870 hasta la fecha el desplazamiento ha proseguido, y estas últimas etapas, precisamente por su carácter inverosímil y paradójico, confirman la ley fatídica que al comienzo he insinuado. El artista, que parte del mundo en torno, acaba por recogerse dentro de sí mismo.

He dicho que la mirada de Velázquez, cuando tropieza con un objeto, lo convierte en superficie. Pero, entre tanto, el rayo visual ha hecho su camino, se ha complacido en perforar el aire que vaga entre la córnea y las cosas distantes. En *Las Meninas* y *Las Hilanderas* se advierte la fruición con que el artista ha acentuado el hueco como tal. Velázquez mira recto al fondo; por eso se encuentra con una enorme masa de aire entre él y el límite de su campo visual. Ahora bien: ver algo con el rayo central del ojo es lo que se llama visión directa o visión *in modo recto*. Pero en derredor de este rayo eje envía la pupila muchos otros que parten de ella oblicuos, que ven *in modo oblicuo*. La impresión de concavidad proviene de la mirada *in modo recto*. Si eliminamos ésta —por ejemplo, en un abrir y cerrar los ojos—, quedan sólo activas las visiones oblicuas, las visiones de lado «con el rabillo del ojo», que son el colmo del desdén. Entonces la oquedad desaparece y el campo visual tiende a convertirse todo él en una superficie.

Esto es lo que hacen los sucesivos impresionismos. Traer el fondo del hueco velazquino a un primer término, que entonces deja de serlo por falta de comparación. La pintura propende a hacerse plana, como lo es el lienzo en que se vierte. Se llega, pues, a la eliminación de toda resonancia táctil y corpórea. Por otra parte, la atomización de las cosas es tal en la visión oblicua, que apenas si queda nada de ellas. Empiezan las figuras a ser incognoscibles. En vez de pintar los objetos como se ven, se pinta el ver mismo. En vez de un objeto, una impresión, es decir, un montón de sensaciones. El arte, con esto, se ha retirado por completo del mundo y empieza a atender a la actividad del sujeto. Las sensaciones no son ya en ningún sentido cosas, sino estados subjetivos al través de los cuales, por medio de los cuales las cosas nos aparecen.

¿Se advierte el cambio que esto significa en el punto de vista? Parece que al buscar éste el objeto más próximo a la córnea había llegado lo más cerca posible del sujeto y lo más lejos posible de las cosas. ¡Error! El punto de vista continúa su inexorable trayectoria de retraimiento. No se detiene en la córnea, sino que, audazmente, salva la máxima frontera y penetra en la visión misma, en el propio sujeto.

XIV

Cubismo. Cézanne, en medio de su tradición impresionista, descubre el volumen. En los lienzos empiezan a surgir cubos, cilindros, conos. Un distraído hubiera pensado que, agotada la peregrinación pictórica, se volvía a empezar y reincidíamos en el punto de vista de Giotto. ¡Nuevo error! Siempre ha habido en la historia del arte tendencias laterales que gravitaban hacia el arcaísmo. Sin embargo, la corriente central de la evolución salta sobre ellas en magnífica corriente y sigue su curso inevitable.

El cubismo de Cézanne y de los que, en efecto, fueron cubistas, es decir, estereómetras, no es sino un paso más en la internación de la pintura. Las sensaciones, tema del impresionismo, son estados subjetivos; por tanto, realidades, modificaciones efectivas del sujeto. Más dentro aún de éste se hallan las ideas. También las ideas son realidades que acontecen en el alma del individuo, pero se diferencian de las sensaciones en que su contenido —lo ideado— es irreal y en ocasiones hasta imposible. Cuando yo pienso en el cilindro estrictamente geométrico, mi *pensamiento* es un hecho efectivo que en mí se produce; en cambio, el cilindro geométrico *en que* pienso es un objeto irreal. Las ideas son, pues, realidades subjetivas que contienen objetos virtuales, todo un mundo de nueva especie, distinto del que los ojos nos transmiten, y que maravillosamente emerge de los senos psíquicos.

Pues bien: los volúmenes que Cézanne evoca no tienen nada que ver con los que Giotto descubre; son más bien sus antagonistas. Giotto busca el volumen propio de cada cosa, su corporeidad realísima y tangible. Antes de él sólo se conocía la imagen bizantina de dos dimensiones. Cézanne, por el contrario, sustituye a los cuerpos de las cosas con volúmenes irreales, figuras geométricas de pura invención, que sólo tienen con aquéllos un nexo metafórico. El cono es metáfora de la montaña, la semiesfera del seno joven. Desde Cézanne la pintura sólo pinta ideas —las cuales, ciertamente, son también objetos, pero objetos ideales, inmanentes al sujeto o intrasubjetivos.

Esto explica la mescolanza que, a despecho de explicaciones erróneas, se presenta en el turbio jirón del llamado *cubismo*. Junto a volúmenes en que parece acusarse superlativamente la rotundidad de los cuerpos, Picasso, en sus cuadros más escandalosos y típicos, aniquila la forma cerrada del objeto y, en puros planos euclidianos, anota trozos de él, una ceja, un bigote, una nariz —sin otra misión que servir de cifra simbólica a ideas.

No es otra cosa el equívoco cubismo que una manera particular dentro del expresionismo contemporáneo. En la impresión se ha llegado al mínimum de objetividad exterior. Un nuevo desplazamiento del punto de vista sólo era posible si, saltando detrás de la retina —sutil frontera entre lo externo y lo interno—, invertía por completo la pintura su función y, en vez de meternos dentro de lo que está fuera, se esforzaba por volcar sobre el lienzo lo que está dentro: los objetos ideales inventados. Nótese cómo por un simple avance del punto de vista en la misma y única trayectoria que desde el principio llevaba, se llega a un resultado inverso. Los ojos, en vez de absorber las cosas, se convierten en proyectores de paisajes y faunas íntimas. Antes eran sumideros del mundo real: ahora, surtidores de irrealidad.

Es posible que el arte actual tenga poco valor estético; pero quien no vea en él sino un capricho puede estar seguro de no haber comprendido ni el arte nuevo ni el viejo. La evolución conducía la pintura —y en general el arte— inexorablemente, fatalmente a lo que hoy es.

XV

La ley rectora de las grandes variaciones pictóricas es de una simplicidad inquietante. Primero se pintan cosas; luego, sensaciones; por último, ideas. Esto quiere decir que la atención del artista ha comenzado fijándose en la realidad externa; luego, en lo subjetivo; por último, en lo intrasubjetivo. Estas tres estaciones son tres puntos que se hallan en una misma línea.

Ahora bien: la filosofía occidental ha seguido una ruta idéntica y esta coincidencia hace aún más inquietadora aquella ley.

Anotemos en pocas líneas ese extraño paralelismo.

El pintor comienza por preguntarse qué elementos del universo son los que deben trasladarse al lienzo; esto es, qué clase de fenómenos son los pictóricamente esenciales. El filósofo, por su parte, se pregunta qué clase de objetos es la fundamental. Un sistema filosófico es el ensayo de reedificar conceptualmente el Cosmos partiendo de un cierto tipo de hechos que se consideran como los más firmes y seguros. Cada época de la filosofía ha preferido un tipo distinto y sobre él ha asentado el resto de la construcción.

En tiempo de Giotto, pintor de los cuerpos sólidos e independientes, la filosofía consideraba que la última y definitiva realidad eran las substancias individuales. Los ejemplos de substancias que se daban en las escuelas eran: este caballo, este hombre. ¿Por qué se creía descubrir en éstos el último valor metafísico? Simplemente porque en la idea nativa y práctica del mundo, cada caballo y cada hombre parecen tener una existencia propia, independiente de las demás cosas y de la mente que los contempla. El caballo vive por sí, entero y completo, según su íntima arcana energía; si queremos conocerlo, nuestros sentidos, nuestro entendimiento tendrán que ir hacia él y girar humildemente en torno suyo. Es, pues, el realismo substancialista de Dante un hermano gemelo de la pintura de bulto que inicia Giotto.

Demos un salto hacia 1600, época en que comienzan la pintura de hueco. La filosofía está en poder de Descartes. ¿Cuál es para él la realidad cósmica? Las substancias plurales e independientes se esfuman. Pasa a primer plano metafísico una única substancia —substancia vacía, especie de hueco metafísico que ahora va a tener un mágico poder creador. Lo real para Descartes es el espacio, como para Velázquez el hueco.

Después de Descartes reaparece un momento la pluralidad de substancias en Leibniz. Pero estas substancias no son ya principios corporales, sino todo lo contrario: las mónadas son sujetos y el papel de cada una de ellas —síntoma curioso— no es otro que representar un *point de vue*. Por primera vez suena en la historia de la filosofía la exigencia formal de que la ciencia sea un sistema que somete el Universo a un punto de vista. La *mónada* no hace sino proporcionar un lugar metafísico a esa unidad de visión.

En los dos siglos subsecuentes el subjetivismo se va haciendo más radical, y hacia 1880, mientras los impresionistas fijaban en los lienzos puras sensaciones, los filósofos del extremo positivismo reducían la realidad universal a sensaciones puras.

La desrealización progresiva del mundo, que había comenzado en el pensamiento renacentista, llega con el radical sensualismo de Avenarius y Mach a sus postreras consecuencias. ¿Cómo proseguir? ¿Qué nueva filosofía es posible? No se puede pensar en un retorno al realismo primitivo; cuatro siglos de crítica, de duda, de suspicacia lo han hecho para siempre inválido. Quedarse en lo subjetivo es también imposible. ¿Dónde encontrar algo con que poder reconstruir el mundo?

El filósofo retrae todavía más su atención, y en vez de dirigirla a lo subjetivo como tal, se fija en lo que hasta ahora se llamaba «contenido de la conciencia», en lo intrasubjetivo. A lo que nuestras ideas idean y nuestros pensamientos piensan podrá no corresponder nada real, pero no por eso es meramente subjetivo. Un mundo de alucinación no sería real, pero tampoco dejaría de ser un mundo, un universo objetivo, lleno de sentido y perfección. Aunque el centauro imaginario no galope en realidad, cola y cernejas al viento, sobre efectivas praderas, posee una peculiar independencia frente al sujeto que lo imagina. Es un objeto virtual o, como dice la más reciente filosofía, un objeto ideal. He aquí el tipo de fenómenos que el pensador de nuestros días considera más adecuado para servir de asiento a su sistema universal. ¿Cómo no sorprenderse de la coincidencia entre tal filosofía y su pintura sincrónica, llamada expresionismo o cubismo?

Revista de Occidente, febrero 1924.

[APENDICE][1]

Lo que van ustedes a oír es gravemente iliterario. Voy a hablar de arte en un tono nada artístico. Al pronto puede esto parecer una falta de respeto a la belleza pero es, en rigor, todo lo contrario. Los que se obstinan en hablar de la obra bella bellamente, poéticamente son los que cometen aquel pecado porque cubren la eléctrica gracia del cuadro o de la estatua con la otra obra de arte que sus palabras aspiran a ser. Me parece, pues, más respetuoso y más fecundo hablar de arte estéticamente y no poéticamente. La estética y su derivación, la ciencia del arte no son belleza con que se nubla otra belleza: son pura ciencia, reflexiva anatomía, meditación analítica. En nuestro país los artistas —yo no sé por qué extraña ignorancia de hechos elementales—

---

[1] [El ensayo «Sobre el punto de vista en las artes», según muestra el manuscrito que a continuación reproduzco, debió de ser utilizado por Ortega para una lectura o conferencia a la que este texto, inédito hasta la fecha, sirvió de introducción. En esa ocasión, en la copia usada para ese acto, practicó Ortega algunas leves correcciones que se han tenido en cuenta, por primera vez, en esta nueva edición del ensayo.]

suelen suponer que la estética es cosa de ellos cuando, en realidad, se trata de una de las ciencias que requieren más difícil técnica estrictamente filosófica, psicológica y hasta fisiológica. De ordinario el artista no sabe nada de estética ni le hace falta ninguna, como la camelia ignora por fortuna la botánica.

Sin embargo, la experiencia artística de nuestro tiempo es tan nutrida, somos tan ricos herederos de largo pasado artístico que la reflexión sobre los estilos, su estudio anatómico empieza a proporcionarnos un placer peculiar, muy característico de nuestra época. Es ciertamente un placer intelectual, ideológico pero que viene a duplicar el que la obra de arte nos produce en su contemplación inmediata. En lo que van ustedes a escuchar se hace el ensayo de reducir las grandes variaciones de la pintura europea a la fórmula más simple posible. Es un intento —tal vez fallido— de descubrir una ley tan sencilla como inexorable, que rige la evolución del arte pictórico occidental. Se trata, pues, de buscar un principio que dé unidad a la historia de nuestra pintura.

[SOBRE LA CRITICA DE ARTE][1]

Amigo Juan de la Encina: sería inaceptable que después de haberle infligido a usted este banquete no le dijésemos por qué. En este año, cuyo número ostenta tan cínicamente el cuarto de siglo y que termina en cifra de un real, viene a hacer diez años que ejerce usted con ejemplar continuidad su menester de crítica. Aunque había usted antes publicado algunos estudios sobre arte, puede datarse de aquel periódico titulado *España,* 1915, su labor más característica. Esta labor —la crítica— es de todas las faenas literarias la que exige mayor denuedo y atrae más riesgos. Durante un decenio ha ocupado usted un puesto de peligro y se ha mantenido en la brecha. Nada más fácil que criticar alguna vez y de sorpresa dar un alfilerazo a un transeúnte; pero ser crítico un día tras otro equivale a poner una fábrica de enemistades. No ha eludido usted los peligros y los enojos de tal oficio, y por eso nos complace mostrar

---

[1] [Brindis publicado en *El Sol* —14 junio 1925— y en el folleto de Juan de la Encina, *Al comenzar.* Publicaciones de la Sociedad de Artistas Ibéricos, Madrid, 1925.]

hoy nuestra simpatía y estimación por su bravura. Yo, al menos, tengo tal idea de lo expuesta que es la existencia de un crítico, que me he sentido toda la noche como si asistiese al banquete dado a un aviador.

Pero claro es que no sólo de bravura vive un crítico: con sólo ella —dejándonos ir por la pendiente del símil— no habría estabilidad. Además de bravura hace falta mesura que evite las grandes caídas, los tremendos aterrizajes del desprestigio. Y tomando en conjunto ese respetable volumen de juicio que suponen diez años de labor, no creo que nadie deje de reconocer una noble mesura a sus estimaciones. Podrá cada cual discutir este o el otro juicio determinado; podrá discrepar de la doctrina general que hace de la labor de usted un organismo; pero sería notoriamente injusto regatear a su ardua obra la medida y el equilibrio.

Tienen estas virtudes tanto más mérito cuanto que el paisaje artístico de ahora se compone casi íntegramente de precipicios. Centuplica esto las dificultades de la crítica. En otro tiempo podía el crítico comportarse simplemente como un juez: partiendo de un código preestablecido, sentenciar sobre el hecho concreto. Ese código preexistente amparaba sus resoluciones y cobijaba su criterio. Pero el arte de nuestro tiempo, desde el fin del impresionismo en pintura y del simbolismo en poesía, carece de códigos sancionados. El crítico tiene que operar a la intemperie y a campo traviesa; al mismo tiempo que juzga una obra tiene que conquistar autoridad para la ley general que aplica. Noten ustedes que, salvo en la ciencia, pasa esto en todos los órdenes de nuestra vida. Así, pronto hemos de asistir en toda Europa al gran espectáculo de una vida política exenta de principios vigentes; hasta ahora existieron siempre, por lo menos, dos: el que consagraba a los poderes establecidos y el que inspiraba a las potencias revolucionarias. Pero ahora yo sospecho que aquéllos van a tener que vivir sin consagración y éstas sin inspiración; van a tener, por tanto, que ganarse la vida, por decirlo así, cuotidianamente. El espectáculo va a ser formidable y sólo me extraña que tan poca gente se dé ya una cuenta clara de la profundidad, del radicalismo de la crisis vital que fermenta en nuestro viejo continente. Se cree que algunas cosas sufrirán mudanza, pero que otras quedarán. La inercia, el deseo de conservar cómodamente las actitudes ya adoptadas nos seducen a toda hora para que escatimemos profundidad a esa crisis. Yo he de decir sinceramente que aún no le he encontrado fondo, esto es, que no creo en la perduración, al menos sin sustanciales modificaciones de norma, de institución, principio e ideal alguno de cuantos se erguían hace veinte años. Y al hablar así no excluyo ni siquiera a la ciencia.

Pero contrayéndonos a la dificultad de la sazón en que Juan de la Encina ejerce la crítica de arte, advirtamos que en el orden estético todo se ha hecho problemático. No hay dimensión de nuestra sensibilidad artística que no lo sea. Se ha hecho problemático el presente y es un absoluto problema el porvenir. Claro está que yo no digo esto en tono elegíaco. Todo lo contrario: lo digo con complacencia y en sesgo optimista. Porque me parece para todo espíritu elástico y enérgico mucho más grata la vida en un mundo sembrado de problemas que en un paisaje atestado de soluciones. Sentir la fruición de lo problemático, deleitarse en su riesgo es síntoma de que no está uno consignado al corral, sino que se tiene el ala larga, como el albatros, *amateur* de tormentas.

Por lo que hace al pasado artístico, no se ha logrado aún que las gentes entren en cordura. Cuando un joven de hoy ensaya alguna nueva intención de pintar no falta quien le salga al paso y oponga que se debe pintar como Velázquez, que fue el mejor pintor. A mí esto me ha parecido siempre una tontería múltiple que tiene dentro otras muchas, como esas cajas japonesas dentro de las cuales hay otras y dentro de éstas otras, y así sucesivamente.

En primer lugar, debía a estas alturas sonrojar un poco que se proponga a un artista ser como otro, no advirtiendo que el arte no tolera ninguna superfluidad, y añadir a un Velázquez otro sería ponerse el arte un tanto pesado. Velázquez, al existir, abolió el derecho a la existencia de otro Velázquez. Todo artista al nacer asesina a sus posibles iguales. No es lícito repetir a otro. El arte es producción: se diferencia de la cría caballar en que no es reproducción. En segundo lugar, sólo el pequeño burgués de la cultura que teme al problema y busca dondequiera que entra —como una butaca— una solución, un esquema, un escalafón, puede decir que es Velázquez, Rembrandt o Rafael el mejor pintor. No hay, en rigor, mejores pintores; hay sólo los buenos y los malos, por la sencilla razón de que no hay una sola pintura. sino muchas, artes pictóricos diversos, apenas comunicantes. A lo sumo, cabría hablar del mejor pintor en una forma de pintura. Velázquez es el más formidable pintor de la escuela velazquina. Nada menos, pero nada más.

Se olvida que es condición del arte su parcialidad. Cada obra sólo puede realizar un repertorio de valores estéticos y forzosamente renuncia a otros. La obra integral de pintura o escultura o poesía no existe. Decir que Velázquez es el mejor pintor es tan tonto como lo fuera decir que pintó mal. ¡Claro que pintó mal! ¡Es el peor de los cubistas!

Más allá de estas trivialidades es donde conviene plantear la cuestión de nuestras relaciones con el pasado artístico. Y he aquí que, en ese lugar más hondo, se presenta inseparable de los problemas del presente. Porque todas las nuevas direcciones de la inspiración, no obstante sus discrepancias superlativas, coinciden en un punto: la ruptura con todo el pasado del arte. Acaso es ésta la única nota clara en el arte actual: la voluntad de no ser el pasado. Nos es ello tan evidente que no estimamos esta humilde claridad. Y, sin embargo, encierra no pocas sutilezas y, además, es el hecho característico y exclusivo de nuestra época. El rompimiento radical, genérico no con este o el otro estilo del pasado, sino con todo el arte pretérito como tal, no ha acontecido hasta nuestros días. ¿Qué significa esto? ¿Qué secreto se esconde bajo tal emergencia? Porque junto al hecho de ese rompimiento y en las mismas almas donde se ha producido existe una capacidad, de amplitud nunca vista, para interesarse por las formas del arte más exóticas y varias, de todos los tiempo, de todas las razas. ¿Qué fenómeno es éste tan contradictorio?

La explicación, a mi juicio, no es imposible. El alma humana progresa en forma de diferenciaciones. Lo que en un tiempo fue una clase de sensibilidad, en otro posterior se ha disociado en varias. Así, el hombre primitivo no tuvo lo que nosotros llamamos «sensibilidad artística». Carece de ella y, sin embargo, no le falta. El hombre primitivo no siente el arte como algo aparte y separado de la magia, de la mitología, del rito y de la tradición. A todas estas cosas para nosotros diferentes, presenta una sola forma de sensibilidad total y caótica. Fueron menester milenios para que disgregase como un sentir peculiar y exento el goce estético.

Pues bien: en nuestro tiempo llega a madurez una nueva disociación que venía preparándose desde centurias, sobre todo desde hace siglo y medio. El hombre europeo de las nuevas generaciones posee una sensibilidad histórica de incalculable refinamiento. Por fin hemos llegado a sentir el pasado como tal, es decir, como algo esencialmente distinto del presente. El pasado nos parece como un universo aparte y virtual que no comunica con la hora transeúnte donde nuestra vida va. Sentimos todo el pasado como algo que fue y ya no es. Aplíquese esto al arte y se verá que nuestra sensibilidad artística se ha disociado y un radio de ella ha tomado la perspectiva histórica, separándose del otro, que va a lo actual. Aquél aleja todo lo que toca; éste lo funde con nuestra existencia efectiva. Esta exquisita distinción entre pretérito y actualidad hace que nos sea imposible colocarnos ante el cuadro de un viejo museo, *en serio,* como ante un cuadro, sin más. El cuadro de Tiziano no es nuestro, sino de los hombres de su tiempo, y nosotros sólo podemos gozar de él en perspectiva histórica, como un fantasma deleitable de ultratumba, como un *revenant.* Pero si alguien nos propone que lo contemplemos como actualidad, el cuadro clásico no nos puede interesar o nos interesa tan poco, con tal desproporción a su fama, que más vale, por piedad, no hablar de ello.

Es, pues, frívolo e ininteligente censurar a los nuevos artistas por su secesión de los clásicos, de la tradición artística y afanarse por ser originales. Al intentarlo no hacen, sino aceptar el imperativo de nuestro tiempo, que obliga a separar con toda pureza el ayer del hoy. Así se explica, creo yo, que coexista un gran amor al pasado cuando se presenta como tal, en su virtual dimensión de inexistente, y un asco al pasado cuando pretende prolongar fraudulentamente su gravitación sobre la actualidad. Ese pasado, que se obstina en no pasar y aspira a suplantar el hoy, merece, en efecto, asco; es un viejo verde. El lema inevitable es el de los soldados de Cromwell: *Vestigia nulla retrorsum,* ninguna huella hacia atrás.

Pero sería el cuento de nunca acabar, amigo Encina, insistir sobre los temas que tantas veces ha insinuado usted en sus escritos. Comprensivo del pasado, ha sido usted fiel al presente y su ruda batalla. La Exposición de Artistas Ibéricos, que con tan largo gesto peninsular se ha iniciado ahora, debe ser para usted un hecho corroborador que le invita a proseguir su tarea. Ha ampliado usted los usos críticos de nuestro país aportando su información europea de visiones y de ideas. Yo creo que son razones sobradas para que le hayamos a usted infligido este banquete, amigo Juan de la Encina.

EL ARTE EN PRESENTE
Y EN PRETERITO[1]

I

La Exposición de Artistas Ibéricos, si se reitera denodadamente y superando todo desánimo vuelve año tras año con cierta insistencia astronómica, puede ser de gran importancia para el arte peninsular. La de ahora me parece bastante pobre de talentos y de estilos, prescindiendo de los artistas ya maduros que al núcleo más característico de nuevos pintores han agregado su obra, de antemano conocida. Pero la insuficiencia de esta primera cosecha no hace sino probar la necesidad de repetir con virtuosa constancia la ostentación de las nuevas producciones. Hasta ahora, la pintura heterodoxa ha llevado una existencia privada y escolar. Los artistas se encontraban sin público y aislados frente a la masa enorme de los estilos tradicionales. Ahora, agrupados, pueden cobrar mayor fe en su intento y, a la par, confrontarse unos con otros, espantarse de los propios

---

[1] [Este ensayo es el único, de entre los que incluyo en la segunda parte, que ya figuraba en la primera edición de este libro, aludida en la página 54.]

tópicos y afinar la puntería del propósito individual. De paso, el público podrá ir acomodando su órgano receptor para el «caso» del arte actual y, poco a poco, se irá enterando de la dramática situación en que se hallan las musas.

Poco a poco —de golpe es imposible. La situación es tan delicada, tan paradójica que sería injusto exigir a las gentes una súbita comprensión de ella. En rigor, habría que definirla mediante una fórmula sobremanera cargante por su paradojismo. Habría que decir, poco más o menos: el arte actual consiste en que no lo hay, y es ineludible partir de esta convicción para crear y gozar hoy de arte auténtico. Esta fórmula, desarrollada, como dicen los matemáticos, se aclara progresivamente y pierde su aspecto insoportable. Casi todas las épocas han podido obtener un estilo artístico adecuado a su sensibilidad y, por tanto, actual, prolongando en uno u otro sentido el arte del pasado. Tal situación era doblemente favorable. En primer lugar, el arte tradicional proponía inequívocamente a la generación nueva lo que había que hacer. Tal faceta, que en los estilos pretéritos había quedado sin subrayar y sin cumplir, se ofrecía a la explotación de los recién llegados. Trabajar en ella suponía conservar el fondo íntegro del arte tradicional. Se trataba de una evolución, de una modificación a que se sometía el núcleo inalterado de la tradición. Lo nuevo y actual era, por lo menos como aspiración, perfectamente claro, y de paso mantenía vivo el contacto con las formas del pasado. Eran épocas felices en que no sólo había un principio evidente de arte actual, sino que todo el arte del pasado, o grandes porciones de él, gozaban de suficiente actualidad. Así, hace treinta años, había en Manet una plenitud de presente; pero, a la vez, Manet repristinaba a Velázquez, le proporcionaba cierto aire contemporáneo.

Ahora la situación es opuesta. Si alguien, después de recorrer las salas de la Exposición de Artistas Ibéricos, dijese: «Esto no es nada. Aquí no hay un arte», yo no temería responder: «Tiene usted razón. Esto es poco más que nada. Esto no es todavía un arte. Pero, ¿quiere usted decirme qué cosa mejor cabe intentar? Si usted tuviese veinticinco años y una docena de pinceles en la mano, ¿que haría?» Si el interlocutor fuera discreto no podría contestar más que en una de estas dos formas: o proponer la imitación de algún estilo antiguo —lo que implica reconocer la inexistencia de un posible estilo actual—, o presentar concretamente un cuadro, un solo cuadro, que siendo heredero de la tradición insinúe un nuevo tema pictórico, señale algún rincón aún intacto en la topografía del arte usado. Mientras esto último no acontezca será invulnerable la posición de quienes piensan que la tradición artística ha llegado a consumir todas sus posibilidades y es preciso buscar otra forma de arte. Esta exploración es la tarea de los artistas jóvenes. No tienen un arte; sólo son un intento hacia él. Por eso decía antes que el arte mejor del presente consiste en no haberlo, pues lo que hoy pretende ser plena y lograda obra de arte suele ser, en verdad, lo más antiartístico que cabe: la repetición del pasado.

Habrá gente dispuesta a reconocer que no existe un arte propiamente contemporáneo; pero añadirá que ahí tenemos el arte del pasado donde podemos satisfacer nuestros apetitos estéticos. Yo no sabría, sin inquietudes, acogerme a esta opinión. No creo que pueda haber un arte del pasado cuando falta otro del presente, ligado a aquél por un nexo positivo. Lo que en otras épocas mantuvo vivo el gusto por la pintura antigua fue precisamente el estilo nuevo, que, derivado de ella, le daba un nuevo sentido, como en el caso Manet-Velázquez. Es decir: que el arte del pasado es arte, en el pleno sentido del vocablo, en la medida que aún es presente, que aún fecunda e innova. Cuando se convierte efectivamente en mero pasado pierde su eficacia estrictamente estética y nos sugiere emociones de sustancia arqueológica. Sin duda, son éstas motivo de grandes fruiciones; pero no pueden confundirse ni sustituir al propio placer estético. El arte del pasado no «es» arte; «fue» arte.

De donde resulta que la ausencia de entusiasmo por la pintura tradicional, característica hoy de los jóvenes, no proviene de caprichoso desdén. Por no haber hoy un arte heredero de la tradición, no sale de las venas del presente sangre que vivifique el pasado, trayéndolo a nosotros. Queda éste, pues, reducido a sí mismo, exangüe, muerto, sido. Velázquez es una maravilla arqueológica. Dudo mucho que quien sepa analizar sus propios estados espirituales y no confunda unas cosas con otras deje de advertir la diferencia entre su entusiasmo —tan justificado— por Velázquez y el entusiasmo rigorosamente estético. Cleopatra es una figura atractiva, seductora, que emerge de la más vaga lontananza; pero, ¿quién confundirá su «amor» a Cleopatra con el que acaso siente por cualquier mujer de hoy? Nuestra relación con el pasado se parece mucho a la que tenemos con el presente, sólo que es espectral; por tanto, nada en ella es efectivo: ni el amor, ni el odio, ni el placer, ni el dolor.

Comprendo muy bien que al gran público no le interese la obra de los pintores nuevos, y esta Exposición no debe dirigirse a él, sino exclusivamente a las personas para quienes el arte es un problema vivo y no una solución, un deporte esencial y no un pasivo regodeo. Sólo ellas pueden interesarse por lo que es, más bien que arte, un movimiento hacia él, un rudo entrenamiento, un afán de laboratorio, un ensayo de taller. Ni creo que los artistas de hoy crean que su obra es otra cosa. Si alguien piensa que el cubismo es para nuestra época lo que fueron para la suya el impresionismo, Velázquez, Rembrandt, el Renacimiento, etc., comete, a mi juicio, un grave error. El cubismo es sólo un ensayo de posibilidades pictóricas que hace una época desprovista de un arte plenario. Por eso es tan característico del tiempo que se produzcan más teorías y programas que obras.

Sólo que hacer eso —teorías, programas y esperpentos cubistas o de otra índole— es hacer lo más que hoy cabe hacer. Y de todas las actitudes que es dado tomar, la más profunda nos recomienda docilidad a la orden del tiempo. Lo otro, creer que el hombre puede hacer lo que guste en toda sazón, es lo que me parece frívolo y gran síntoma de puerilidad. Los chinos creen que pueden elegir entre posibilidades infinitas: presumen, sobre todo, que pueden elegir lo mejor y sueñan que son sultanes, obispos, emperadores. Así, no faltan hoy seres pueriles que «quieren ser clásicos», nada menos. Con lo cual yo no sé bien si se quiere decir que desean imitar algún estilo antiguo, y eso me parecería demasiado poco, o, lo que es más probable, ser clásicos para la posteridad, y eso me parecería demasiado mucho. «Querer» ser clásico es algo así como partir para la guerra de los Treinta Años.

Unas y otras son posturas que toman los aficionados a tomar posturas, y sólo llevan a la incomodidad, porque los hechos no se sujetan a ellas. Dificulto que logre hacer cómoda su posición quien no comience por reconocer en todo su dramatismo la situación actual, que consiste en no existir un arte contemporáneo y haberse hecho histórico el gran arte del pasado.

Después de todo, lo mismo que acontece en política. Las instituciones tradicionales han perdido vigencia y no suscitan respeto y entusiasmo, sin que, por otra parte, se dibuje ideal alguno de otras posibles que muevan a arrumbar las supervivientes.

Esto es, acaso, lamentable, penoso, entristecedor —todo lo que se quiera—; pero tiene una ventaja: que es la realidad. Y ello —definir lo que es— constituye la única misión exigible al escritor. Las demás sólo son laudables e implican que se ha cumplido la primaria.

Pero se dirá que el pasado artístico no pasa, que el arte es eterno... Sí, eso se dirá; pero...

El Sol, 26 junio 1925.

II

Se habla a menudo de la eternidad de la obra de arte. Si con ello se quiere decir que crearla y gozarla incluye la aspiración a que su valor sea eterno, no habría reparo que poner. Pero el hecho es que la obra de arte envejece y se pudre antes como valor estético que como realidad material. Acontece lo mismo que en los amores. Todo amor jura en un cierto momento su propia eternidad. Pero ese momento, con su eternidad aspirada, transcurre; le vemos caer en el torrente del tiempo, agitar sus manos de náufrago, ahogarse en el pasado. Porque esto es el pasado: un naufragio, una sumersión en lo profundo. Los chinos al morir le llaman «correr al río». El presente es una haz sin espesor apenas. Lo hondo es el pasado hecho con presentes innumerables, unos sobre otros, comprimidos. Delicadamente, los griegos al morir llamaban «irse con los más».

Si una obra de arte, un cuadro, por ejemplo, consistiese sólo en lo que el lienzo presenta, es posible que llegase a ser eterno aunque no se asegurase su perduración material. Pero ahí está: el cuadro no termina en su marco. Más todavía: del organismo completo de un cuadro sólo hay en el lienzo una mínima parte. Y cosa análoga podríamos decir de una poesía.

Al pronto no se comprende bien cómo puede haber porciones esenciales de un cuadro fuera de él. Y, sin embargo, es así. Todo cuadro es pintado partiendo de una serie de convenciones y supuestos que se dan por sabidos. El pintor no transmite al lienzo todo lo que dentro de él contribuyó a su producción. Por el contrario, elimina de él los datos más fundamentales, que son las ideas, preferencias, convicciones estéticas y cósmicas en que se funda genéricamente lo individual de aquel cuadro. Con el pincel hace constar precisamente lo que no es «cosa sabida» para sus contemporáneos. Lo demás lo suprime o, por lo menos, lo apunta sin insistencia.

Del mismo modo, cuando hablamos con alguien, nos guardamos de enunciar todos los supuestos elementales sin los que carecería de sentido aquello que decimos. Expresamos sólo lo relativamente nuevo, lo diferencial, presumiendo que el resto lo pondrá en forma automática el oyente.

Ahora bien: esa convención, ese sistema de supuestos vigentes en cada época muda con el tiempo. Ya en lss tres generaciones que conviven dentro de toda fecha histórica ese sistema de supuestos diverge bastante. El viejo empieza a no entender al joven, y viceversa. Donde es lo más curioso que lo ininteligible para unos es casualmente lo que mayor evidencia tiene para los otros. Un viejo liberal no concibe que la gente moza pueda vivir sin libertad, y le sorprende, sobre todo, que no se sienta forzada a razonar su iliberalismo. Pero, a la vez, el joven no comprende el entusiasmo extravagante del viejo por el principio liberal, que a él le parece una cosa simpática y aun deseable, pero incapaz de levantar ningún fervor, como acontece con la tabla de Pitágoras o la vacuna. En rigor, tan no es por razones liberal el liberal, como iliberal el otro. Nada profundo y evidente nace ni vive de razones. Se razona lo dudoso, lo probable, lo que no creemos del todo.

Cuando más profundo y elemental sea un ingrediente de nuestra convicción, menos nos preocupamos de él y, en rigor, ni siquiera lo percibimos. Vamos viviendo sobre él; es la base de todos nuestros actos e ideas. Por lo mismo, queda fuera de nosotros, como está fuera de nosotros el palmo de tierra que pisamos, el único que no podemos ver y que el pintor de paisaje no puede transportar al lienzo.

La existencia de este suelo y subsuelo espirituales bajo la obra de arte nos es revelada precisamente cuando delante de un cuadro nos quedamos perplejos por no entenderlo. Hace treinta años acontecía esto con los lienzos de *el Greco*. Se levantaban como una costa de acantilados verticales, donde no era posible desembarcar. Entre ellos y el espectador parecía mediar un abismo, y, sin embargo, el cuadro se abría ante los ojos de par en par como otro cualquiera. Entonces se caía en la cuenta de que más allá de él, tácitos, inexpresos, soterraños, existían los supuestos, desde los cuales *el Greco* pintaba.

Pero esto, que en *el Greco* adquiere un carácter extremo —la obra de *el Greco* tiene, en efecto, una dimensión teratológica—, acaece con toda la obra del pasado. Y sólo el que no tiene sensibilidad refinada, sólo el que no se entera de las cosas cree que se entera, sin especial esfuerzo, de una creación antigua. La ardua faena del historiador, del filósofo, consiste justamente en reconstruir el sistema latente de supuestos y convicciones de que emanaron las obras de otros tiempos.

No es, pues, una cuestión de gustos la que nos lleva a separar todo arte del pasado, del arte en el sentido del presente. Son dos cosas y dos emociones que a primera vista parecen idénticas, pero a la luz de un somero análisis, resultan completamente distintas para todo el que no vuelva pardos todos los gatos. La complacencia en el arte antiguo no es directa, sino irónica; quiero decir que entre el viejo cuadro y nosotros intercalamos la vida de la época en que se produjo, el hombre contemporáneo de él. Nos trasladamos de nuestros supuestos a los ajenos, fingiéndonos una personalidad extraña, al través de la cual gozamos de la antigua belleza. Esta doble personalidad es característica de todo estado irónico de espíritu. Y si apuramos un poco más el análisis de esa complacencia arqueológica encontraremos que no es la obra misma lo que degustamos, sino la vida en que fue creada, y de que ella es síntoma ejemplar, o, para ser más exacto, la obra envuelta en su atmósfera vital. Esto aparece bien claro cuando se trata de un cuadro primitivo. El nombre mismo de «primitivo» indica la ternura irónica que sentimos ante el alma del autor, menos compleja que la nuestra. Nos causa deleite saborear aquel modo de existir más simple, más fácil de abarcar con una mirada que nuestra vida, tan vasta, tan indomable, que nos inunda y arrastra, que nos domina en vez de dominarla nosotros. La situación psíquica es pareja a la que surge cuando contemplamos a un niño. Tampoco el niño es un ser actual: el niño es futuro. Y, por eso, no cabe un trato directo con él, sino que, automáticamente, nos hacemos un poco niños, hasta el punto —se habrá notado— que tendemos, ridícula, pero indeliberadamente, a imitar su lenguaje y su balbuceo, y llegamos a aflautar la voz en virtud de inconsciente mimetismo.

Sería insuficiente oponer a lo dicho la observación de que en la antigua pintura existen valores plásticos, ajenos a la temporalidad, susceptibles de ser gozados como calidades actuales. ¡Es curioso el empeño de algunos artistas y aficionados en reservar alguna porción de la obra pictórica para la pura retina, libertándola de su complicación con el espíritu, con lo que llaman literatura o filosofía!

Y, en efecto, literatura o filosofía son cosas muy diferentes de la plástica; pero las tres son irremisiblemente espíritu y se hallan sumidas en las complicaciones de éste. Es, pues, vano ese intento de hacerse las cosas más sencillas y manejables, a medida de la propia simplicidad. No hay pura retina, no hay valores plásticos absolutos. Todos ellos pertenecen a algún estilo, son relativos a él, y un estilo es el fruto de un sistema de convenciones vivas. Pero, en todo caso, esos valores de supuesta vigencia actual son mínimas parcelas de la obra antigua que violentamente desencajamos del resto, para afirmarlas solas, relegando las demás. Sería interesante que con alguna sinceridad se subrayase lo que de uno de esos cuadros famosos parece belleza intacta y perviviente. La escasez de lo acotado contrastaría tan crudamente con la fama de la obra que sería el mejor modo de darme la razón.

Si merece algo la pena de haber nacido en esta época nuestra, tan áspera e insegura, es precisamente porque se inicia en Europa la aspiración a vivir sin frases, mejor dicho, a no vivir *de* frases. Eso de que el arte es eterno y la retahila de los cien mejores libros, las cien mejores pinturas, etc., son cosas para el buen tiempo viejo, cuando los burgueses creían su deber ocuparse de arte y de letras. Ahora que se va viendo hasta qué punto el arte no es cosa «seria», sino más bien un fino juego exento de patetismo y solemnidad, a que sólo deben dedicarse los verdaderamente aficionados, los que se complacen en sus peripecias y dificultades superfluas y se someten al pulcro cumplimiento de sus reglas, la monserga de que el arte es eterno no puede satsifacer ni aclarar nada. La eternidad del arte no es una sentencia firme a que quepa acogerse; es, sencillamente, un sutilísimo problema. Dejemos que los sacerdotes, no muy seguros de la existencia de sus dioses, los envuelvan en la calígine pavorosa de los grandes epítetos patéticos. El arte no necesita nada de eso, sino mediodía, tiempo claro, conversación transparente, precisión y un poco de buen humor.

Hay que conjugar el vocablo «arte». En presente significa una cosa, y en pretérito otra muy distinta. No se trata de negar al arte sido ninguna de sus gracias. Le son íntegramente conservadas, pero con todas ellas queda localizado en una dimensión espectral, sin contacto inmediato con nuestra vida, puesto como entre paréntesis y virtualizado. Y si, al pronto, parece esto una pérdida que sufrimos, es porque no se advierte la gigantesca ganancia que, a la vez, obtenemos. El mismo gesto con que alejamos de nuestro trato actual el pasado, hace a éste renacer justamente como pasado. En vez de una sola dimensión donde hacer resbalar la vida —el presente—, tenemos ahora dos, pulcramente diferenciadas, no sólo en la idea, sino en el sentido. El placer humano se amplía gigantescamente al llegar a madurez la sensibilidad histórica. Mientras se creyó que antiguos y actuales somos todos unos, el paisaje era de gran monotonía. Ahora la existencia cobra una inmensa variedad de planos, se hace profunda, de hondas perspectivas, y cada tiempo sido es una aventura nueva. La condición de ello será que sepamos mirar a lo lejos lo lejano, sin miopía, sin contaminar el presente con el pretérito. A la voluptuosidad puramente estética, que sólo puede funcionar en términos de actualidad, se agrega hoy la formidable voluptuosidad histórica que hace en todas las curvas de la cronología su cámara nupcial. Esta es la verdadera *volupté nouvelle,* que el pobre Pierre Louys buscaba en su mocedad.

No hay, por tanto, que enfadarse con todo esto que yo digo, sino más bien dilatar un poco las cabezas para ahormarlas con la amplitud de las cuestiones. Es ilusorio creer que la situación artística de hoy —o de cualquier época— depende sólo de factores estéticos. En los amores y odios de arte interviene todo el resto de las condiciones espirituales del tiempo. Así, en nuestra nueva distancia del pasado colabora el advenimiento plenario del sentido histórico, germinado en zonas del alma ajenas al arte.

Miramos de la montaña sólo la parte de ella que se eleva sobre el nivel del mar y olvidamos que es mucho más la tierra acumulada bajo él. Así, el cuadro presenta sólo la porción de sí mismo que emerge sobre el nivel de las convenciones de su época. Presenta sólo su faz: el torso queda sumergido en el torrente temporal que lo arrastra vertiginoso hacia el no ser.

No es, pues, cuestión de gustos. Quien no siente, desde luego, a Velázquez como un anacronismo; quien no se complace en él precisamente por ser un anacronismo, es incapaz de sacramentos estéticos. Con lo cual no pretendo decir que la distancia espiritual entre los viejos artistas y nosotros sea siempre la misma. Velázquez es acaso, uno de los pintores menos arqueológicos. Pero si fuésemos a inquirir las razones de ello, tal vez resultase proceder de sus defectos y no de sus virtudes.

El placer que nos origina el arte antiguo es más una fruición de lo vital que de lo estético, al paso que ante la obra contemporánea sentimos más lo estético que lo vital.

Esta grave disociación de pretérito y presente, no es, por cierto, exclusiva del arte. Es, más bien, el hecho general de nuestra época y la sospecha, más o menos confusa, que engendra el azoramiento peculiar de la vida en estos años. Sentimos que, de pronto, nos hemos quedado solos sobre la tierra los hombres actuales, que los muertos no se murieron de broma, sino completamente, que ya no pueden ayudarnos. El resto del espíritu tradicional se ha evaporado. Los modelos, las normas, las pautas no nos sirven. Tenemos que resolvernos nuestros problemas sin colaboración activa del pasado, en pleno actualismo —sean de arte, de ciencia o de política. El europeo está solo, sin muertos vivientes a su vera; como *Pedro Schlemihl*[1], ha perdido su sombra. Es lo que acontece siempre que llega el mediodía.

El Sol, 27 junio 1925.

---

[1] [Protagonista de la novela de igual título, de Adalbert von Chamisso.]

[LA VERDAD NO ES SENCILLA][1]

Los organizadores de esta Exposición han querido
que, con motivo de su clausura, dijese yo unas palabras
de despedida e hiciese cortesía a los artistas que desde
Cataluña han enviado sus lienzos a Madrid. No entiendo muy bien por qué he de ser yo el encargado de hacer
mesura a unos pintores siendo uno de los hombres que
menos conexiones tienen con el arte pictórico del cual,
por un curioso retroceso, cada día entiendo menos. El
caso es que he aceptado la invitación movido, acaso,
por una privada simpatía hacia Cataluña, que a la hora
de nacer yo me envío un apellido mediterráneo, dejándome para siempre sobornado —o tal vez por el hecho
simplicísimo de que al hombre le es más fácil decir «sí»
que decir «no», al revés que a la mujer. Para decir «no»
con algún decoro tenemos que fatigarnos en dar razones. La mujer, en cambio, se cree obligada a exponerlas
precisamente cuando va a otorgar su benevolencia.

---

[1] [Obra póstuma. El texto procede de un borrador manuscrito,
preparatorio de un discurso de clausura en la ocasión que se hace
constar. El acto tuvo lugar el 31 de enero de 1926.]

Hasta en detalle como éste los sexos se oponen y complementan.

La exposición de Artistas Catalanes a que hemos asistido estos días no pretendía reunir ejemplos de toda la pintura que hoy se produce en Cataluña, sino tan sólo de las maneras más recientes. Es una Exposición del Arte nuevo o si este nombre disgusta, del arte de los jóvenes. Ahora bien, esto le proporciona cierto carácter dramático y como peligroso que no suelen tener las exhibiciones de estilos más antiguos. Una exposición de arte joven es exposición en el doble sentido de la palabra. El joven que expone se expone. El público y buena parte de la crítica adoptan ante él una actitud insólita: le enseñan los dientes, prestos no se sabe bien si al mordisco o la carcajada. Su obra no parece simplemente una obra mala, sino un crimen o una demencia. Con un raro apasionamiento, como si se tratase de una traición a los principios en que se funda la sociedad, se encrespan en torno al lienzo mudo los odios e iracundias, gritan las gargantas y, como un dardo, pasa silbando el insulto.

A toda persona mesurada ha de parecer sospechosa semejante actitud. Sospechemos de todo el que en arte grita, y se pone frenético. Como decía Leonardo, *dove si grida non è vera scienza*.

¿Por qué no contentarse ante las nuevas obras de arte con decir que no gustan? Por una razón muy sencilla, por una razón que toca a la esencia misma de estos estilos juveniles. Hay dos maneras de no gustarnos un cuadro: una de éstas consiste en que después de contemplarlo, de penetrar todo su contenido, de tomar íntegramente posesión espiritual de su contenido nos parece el cuadro malo y nos damos cuenta claramente de por qué es malo. Entonces lo repudiamos: antes lo habíamos dominado, quedamos encima de la obra y, por tanto, tranquilos. Pero, en otras ocasiones, el cuadro no nos gusta sencillamente porque no lo entendemos, no conseguimos penetrar su sentido —queda la obra fuera de nosotros, indomada, forastera, invicta—, queda encima de nosotros humillándonos. Nuestro juicio negativo no tiene base ni evidencia: no sabemos por qué la obra es mala y al llamarla así lo que hacemos es defendernos de ella, irritados. El juicio más que juicio se vuelve insulto y el vacío que en él deja la razón se llena de pasión. Esto es lo que acontece a muchas personas con la pintura y la poesía que fabrican las nuevas generaciones: si no les gusta no es simplemente porque no les gusta, sino porque no la entienden.

¿A qué hablar, pues, de otras cuestiones referentes al arte más reciente cuando en el umbral hallamos este hecho tan previo, tan grueso y tan palmario —de que no se le entiende?

El hecho es demasiado escandaloso: por un lado, la casi totalidad de los artistas nuevos en todo el mundo dedican sus energías, consagran su vida a elaborar cuadros y poemas que la gente no entiende; por otro lado, la gente, y no cualquiera sino la que se preocupa de acudir a las exposiciones y de leer libros, nota que no entiende...

Ante todo, ¿qué es esto de que no se entienda una obra de arte? ¿Por ventura ocurre que al pasar veloces tangenteando un lienzo pintado brinque sobre nosotros y nos entregue su secreto? Hay, sin duda, cuadros con los cuales esto acontece pero nadie verá en ello un síntoma forzoso de perfección. Otros cuadros del arte antiguo nos exigen algo más: para complacernos en ellos necesitamos mirarlos despacio, verlos muy bien. El pintor romántico Feuerbach decía que para ver bien un cuadro hacen falta muchas cosas y la primera... una silla, y sentarse ante él. Existe, pues, un más y un menos de facilidad en la comprensión de una obra de arte que no afecta para nada a su valor, y esa facilidad depende unas veces del cuadro pero otras de nosotros: no nos hallábamos en estado de gracia para recibir la gracia de la obra, o no hemos puesto el esfuerzo necesario. ¡Bueno fuera que toda producción artística estuviese obligada a nivelarse con nuestras horas más torpes! Parece natural que, en vez de exigir a la belleza que descienda hasta nosotros, le hagamos nosotros la finura de aspirar hacia ella.

Es, pues, un error considerar la facilidad como un atributo esencial del arte egregio: es tan falso como el viejo lema *simplex sigillum veri,* la verdad es sencilla. Precisamente las verdades más ejemplares que son las de la matemática superior son de atroz complicación.

¿Cómo se explica, pues, que nos sorprendamos de que haya un arte difícil de entender? Porque estamos mal acostumbrados: venimos de un siglo que se ha caracterizado en todo por el triunfo de la popularidad. El arte del siglo XIX ha sido uno de los más fáciles de todos los tiempos. Tal vez porque en él se buscó el nivel humano más bajo, el piso inferior que todos tenemos común. Un error de perspectiva nos ha hecho creer que siempre el buen arte fue tan obvio y trivial y asequible como el de la última centuria. Mas la verdad es lo contrario: el arte ha solido ser siempre difícil y ha exigido sacrificios y esfuerzos y humildad a quien ha querido gozarlo.

Y no se diga que el arte difícil y distante es propio de las decadencias. Esto es una bobada. La poesía europea comienza con la *Ilíada.* Pues bien, ¿se cree que el pueblo de Atenas entendió nunca sin enormes dificultades el ilustre poema? Tan no lo entendía fácilmente que ni siquiera entendía el idioma en que estaba compuesto, que no era el ático. Pero se me dirá que al menos el pueblo en cuyo idioma se compuso la *Ilíada* lo entendería fácilmente. Y yo responderé: que el idioma de la *Ilíada* no lo ha hablado nunca pueblo alguno, sino que era —nótese bien— un lenguaje inventado por los poetas épicos de Jonia. Díganme ustedes qué denuestos no caerían hoy sobre un poeta que se distanciase del público hasta el punto de inventar para sí y sus fines un idioma privado en el cual tallar su poesía.

No soy yo quién para sentenciar —ni creo que sentencias tales importen mucho— si los nuevos gestos de arte son acertados o torpes, pero lo que me parece evidente es que hay obligación de entenderlos. Durante mucho tiempo ha aludido la crítica al público haciéndole creer que frente al arte tenía todos los derechos y ninguna obligación con lo que sólo se ha logrado rebajar su aptitud para degustar toda belleza inesperada. No comprendo cómo el que va a una exposición se complace en hallar allí cuadros parecidos a los que innumerables veces ha visto ya, y no exige más bien que las paredes le propongan costas intactas de continentes recién nacidos. ¿Puede tener el arte más alta misión en la vida que ésta de permitirnos una evasión visual de lo cotidiano, de lo que ya somos y ya sabemos? Tal vez lo que vale más en el hombre es el instinto de exploración: ese afán de fuga que le lleva a escapar de sí mismo, esa oscura inquietud que le acomete, de pájaro emigrante atraído por toda palpitación de horizontes. Alguien ha dicho que vivir es querer vivir más, apetito de ampliación, un descontento difuso y sin tristeza, divino descontento que es como un amor sin amado y un como dolor que sentimos en miembros que no tenemos.

Procuremos excitar en las almas vecinas estos impulsos migratorios. Goethe decía que quien quiera entender al poeta debe trasladarse a la tierra del poeta. La recomendación es más aguda de lo que a primera vista parece y vale para todas las artes.

Adviértase que lo que vemos de un cuadro u oímos de un poema no es todo el cuadro ni el poema íntegro. Del mismo modo lo que vemos de una montaña es sólo la porción que se eleva sobre el nivel del horizonte; la tierra que queda bajo éste y que levanta sobre su palma a la serranía queda oculta, no contamos con ella precisamente porque nos lleva juntos a nosotros y al paisaje.

Pues bien: no hay ningún cuadro pintado en absoluto. Todo cuadro está pintado partiendo de ciertos supuestos, propósitos, preferencias y convenciones que, por lo mismo, quedan fuera de él como el bastidor, el marco y el lienzo mismo. Las razones para que ello sea así son muchas, y una, sobre todo, muy clara: el número de calidades bellas, de valores estéticos que existen es literalmente infinito. Pero cada obra de arte sólo puede realizar algunos y es forzoso que cada época, cada grupo de artistas, cada artista singular seleccione de esa riqueza innumerable un pequeño repertorio de delicias para instalarlas en su obra. En la quietud reside una gracia intransferible, pero también posee la suya el movimiento. Al crear es preciso decidirse por la una o la otra y hacer un arte estático o un arte dinámico. Esta decisión se verifica oscuramente, indeliberadamente en el ánimo del artista. Si habituados a un estilo de dinamismo llegamos ante un cuadro de quietud, tenderemos a buscar en él el movimiento que no tiene, y al notar su ausencia sentiremos una impresión de fracaso. Sólo el azar o la palabra certera de alguien nos pondrá en la pista de la gracia diferente que aquel cuadro persigue. Entonces, al haber acertado con el supuesto que lo inspira lo habremos entendido. Cada estilo es no más que un sistema de ocultas preferencias y a él tenemos que descender, a esa trastierra necesitamos emigrar si queremos entender la obra de arte. No hay duda, cada estilo tiene su contraseña, su secreto. Cuando estamos en él, el secreto es a voces y no nos lo parece. Pero toda innovación de arte comienza por ser el secreto de pocos que sólo con el tiempo se propaga y aventa hasta hacerse trivial. A mi juicio el papel de la crítica debía ser éste: revelar el sistema de preferencias que actúa en el subsuelo de todo nuevo estilo. Lo otro, juzgar si es mejor o peor una obra podía excusarse: no juez sino intermediario. El crítico debe preparar la mirada del espectador para la obra del autor. Salvas ciertas nobles excepciones, yo echo de menos este uso en la crítica española y a ello se debe en buena parte la escandalosa incomprensión del arte nuevo.

Si el propósito y la ocasión de dirigir ahora a ustedes la palabra no fuesen puramente ornamentales y reducidos a poner algún decoro afectuoso en la despedida a estos pintores de Cataluña, sería éste el momento de ensayar la definición de los nuevos estilos, excavando bajo las obras jóvenes para hallar su latente sistema de preferencias. Pero me he prometido resbalar sobre toda materia que exija largo desarrollo y además me expondría, como ya me ha ocurrido, a que al definir a unos artistas éstos no se reconociesen en mi definición.

Así llegamos a una cuestión inversa de la anterior. Si el espectador y el crítico no entienden, a veces, la obra del artista, ocurre otras que el artista no entiende la definición que de él da el crítico. En muchas ocasiones podrá tener razón, pero no es forzoso que la tenga. Hay una cosa que parecerá una avilantez, pero que dicha con un grano de sal es perfectamente cierta. El artista cree que entiende su obra mejor que nadie y esto no es verdad. La creación artística es en lo que tiene de tal, una misteriosa labor inconsciente. El pintor da cuadros como el manzano manzanas. Generalmente el artista entiende muy poco de arte en general y, en consecuencia, del suyo en particular. Entiende, claro está, de la técnica de su oficio, pero la técnica del arte no es el arte y, además, de esa técnica él entiende sólo prácticamente. Mejor que la entiende fuera decir que la sabe. La definición de un estilo es una faena analítica, que exige gran rigor de conceptos, una técnica especial nada pareja a la de los pinceles. Entender de pintura no es saber pintar, es saber otra porción de cosas. El manzano no entiende de botánica. Quede dicha esta avilantez sin ánimo —naturalmente— de que la acepten los pintores, los cuales no advierten que el buen aficionado a estética suele sufrir y callar mucho cuando les oye hablar de su arte.

El artista suele desconocerse a sí mismo y casi nunca penetra en la bodega mágica donde fermenta su inspiración. También ignora a menudo su propios supuestos.

Esta doctrina según la cual la obra de arte emerge de un subsuelo de convenciones secretas, de recónditas preferencias no puede extrañar. Todo lo viviente procede de igual modo. Cada hombre, cada mujer que encontramos vive, en definitiva, de ciertos apetitos radicales, de ciertas profundas predilecciones, tan básicas para él que ni siquiera repara en ellas, pues son para él la existencia misma. Si buscáis en el prójimo, hallaréis siempre un último resorte del cual depende todo su vital mecanismo: un deseo, una ambición, un entusiasmo, un odio que centra su persona, algo a que tiene puesta toda su vida. Cuanto hace y piensa lo hace movido en última instancia por aquel muelle enérgico que da tensión a todo su destino. Y son pocos los capaces de descender a ese subterráneo de sí mismos y ver claramente el latido de ese primario afán, del cual brota entera su biografía. Salvo en las orquídeas, hijas del aire, la raíz es siempre subterránea.

Y aquí tienen ustedes una razón más para que atendamos a estas exposiciones de arte joven. Tomando el hecho en conjunto es indudable que a un nuevo estilo artístico corresponde un distinto resorte vital. Si acertamos a ver con claridad en aquél podremos verosímilmente descubrir la nueva manera de sentir la vida que traen las generaciones recién llegadas. Y bien merece la pena que lo hagamos, porque llega en Europa una terrible sazón, un tiempo de crisis profunda en la cual toda perspicacia será poca. Y si el arte de estos jóvenes es problemático, bien se puede apostar que la vida toda de Europa va a anegarse en problematismo.

Es menester que todo el mundo esté alerta porque todo, todo va a ser puesto en cuestión —en arte como en ciencia, como en política. Pero esto en lugar de entristecernos debe incitarnos, pues indica que hoy la vida revienta las viejas estructuras anquilosadas, se rezuma y derrama libre hacia nuevas organizaciones. Sobre todo en España —raza menos cansada, con menos vicios, menos exhausta— tal vez por su vagancia de dos siglos empiezan a ser posibles las cosas mejores. Mas para ello es preciso que la península entera esté dispuesta a rendir su máxima energía, que logre estar *en forma,* como dicen los deportistas. Conviene que todas las variedades peninsulares entren en actividad y en erupción: catalanes y astures, castellanos, andaluces y vascos: que haya entre ellos vivaces canjes y corrientes, confluencias y combates. De todos necesitamos en la gran obra que es preciso hacer ante el mundo —sea dicho con fervor, pero sin vano patriotismo—: la gran obra consiste en labrar la nueva alegría española.

Revista de Occidente, mayo 1976.